스타일 홀릭

KI신서 2316

스타일홀릭

1판 1쇄 발행 2010년 3월 20일
1판 2쇄 발행 2010년 4월 10일

지은이 서정은 **펴낸이** 김영곤 **펴낸곳** (주)북이십일 21세기북스
출판컨텐츠사업본부장 정성진 **생활문화팀장** 김선미
기획편집 김순란 **영업·마케팅** 최창규, 김용환, 이경희, 노진희, 김보미, 허정민, 김현섭
출판등록 2000년 5월 6일 제10-1965호
주소 (우413-756) 경기도 파주시 교하읍 문발리 파주출판단지 518-3
대표전화 031-955-2100 **팩스** 031-955-2151 **이메일** book21@book21.co.kr
홈페이지 www.book21.com **커뮤니티** cafe.naver.com/21cbook

값 13,000원
ISBN 978-89-509-2266-5 03040

이 책 내용의 일부 또는 전부를 재사용하려면 반드시 (주)북이십일의 동의를 얻어야 합니다.
잘못 만들어진 책은 구입하신 서점에서 교환해 드립니다.

스타일 홀릭

| 글과 사진 서정은 |

21세기북스

| prologue |

스타일있는 싱글로 살기 위한 노하우
STYLISH SINGLE LIFE

언제부턴가 '골드 미스' 라는 단어가 유행하면서, '넉넉하게 자금을 모아 두고, 일에서 프로근성을 발휘하는 멋진 싱글 여성' 에 대해 관심이 급상승한 적이 있다. 이 전까지는 혼기를 놓친 여성을 '노처녀' 로 통칭해왔다면, 싱글들의 능력과 경제력 등이 인정받으면서 '결혼을 안 해도 능력 있고 멋진 싱글 여성' 의 이미지가 만들어진 것이다.

대학을 졸업하고 사회 초년병이 되어 손에 익지 않은 일을 배우느라 긴장과 스트레스 속에 하루하루를 보내다 보면 어느새 이름 앞에 '대리', '과장', '차장' 등의 직함이 얹어진다. 직함은 시간의 흐름을 말해주는 이름표와 같다. 더 높은 직함을 달수록 나이도 한 살씩 더해지니까.
직장 생활이 어느 정도 손에 익어 주위를 둘러 볼 여유가 생기면 시간을 탄력적으로 사용할 수 있는 여유도 생긴다. 휴가 날짜를 꼼꼼하게 챙겨 해외여행을 다녀오기도 하고, 몸에 쌓인 피로를 풀기 위해 마사지를 받거나 요가나 필라테스를 배우

ENJOY YOUR LIFESTYLE

러 다니기도 한다. 시즌마다 필요한 의상이나 액세서리를 쇼핑하고, 피부를 위해 고기능성 화장품을 구입하기도 한다.

'쇼핑할 돈을 모아 저금을 하겠다'는 사람에게는 이러한 것이 낭비나 사치처럼 보일 테지만, '여성은 나이가 들수록 꾸며야 한다'고 생각하는 사람이라면 자기 투자라고 말할 것이다. 물론 자신의 수입이나 상황을 고려하지 않은 과도한 지출은 낭비이자 사치가 틀림없다. 하지만 자신의 생활을 관리하고, 이미지 표현에 관심을 가지는 일 자체는 분명 필요한 일일 것이다.

머리부터 발끝까지 비싼 명품으로 치장하라는 것이 아니다. 자신을 어느 정도는 포장할 줄 알아야 한다는 것이다. 탄력 잃은 피부, 부수수한 머리카락, 어울리지 않는 헤어스타일, 센스라고는 눈곱만큼도 찾아 볼 수 없는 의상, 빈티지라고 긍정적으로 말하기에는 너무 '빈해' 보이는 가방과 구두를 신은 여성을 보고, 어느 누가 '아~ 나도 그녀처럼 살고 싶다' 혹은 '역시, 밋신 싱글이야!'라고 할 것인가.

결국 '싱글'이라는 단어 속에는 '짝도 없는 외로운 여성'이라는 의미와 '워너비 스타일을 사는 여성'이라는 상반된 의미가 담겨있다. 누구나 후자의 싱글이 되고 싶을 것이다. 자신의 가치를 높이고, 삶의 여유를 누리며, 인생의 즐거움을 아는 싱글 말이다. 그러기 위해서는 분명 자신만의 스타일이 있어야 한다.

그렇다면 스타일리시하다는 건 무엇일까? 세련되었다? 부티가 난다? 유행에 맞는 옷을 입었다? '스타일', '스타일리시'라는 단어를 쉽게 사용하고, 많이 들으면서도 '스타일리시'의 본질에 대해서 곰곰이 생각해본 적은 없을 것이다. 개인적으로 정의하는 '스타일리시'는 자신에 대해 알고, 자신의 장점을 표현할 줄 알며, 긍정적인 이미지를 연출하고, 의식주 모든 면에서 균형 잡힌 멋을 추구하는 것이 아닐까 싶다.

그래서 스타일리시함은 나이와 비례해야 한다. 아니, 나이가 들수록 반드시 스타일리시해져야 한다. 20대 초반의 싱싱함은 모든 것을 예쁘게 보이게 하는 마법을 부리지만, 세월이 지나면 젊음의 묘약이 빛을 잃는다. 이때 자신을 연출할 수 있는 것은 스타일리시한 멋스러움이다.

싱글이라면 특히 스타일리시한 의식주에 관심을 가져야 한다. 얼굴의 아름다움을 챙기는 만큼, 옷차림에 신경 써야 하며, 외형이 근사한 만큼 정서적인 면도 여유로워야 한다. 몸을 건강하게 관리하고, 건강한 음식을 먹어야 한다.

요즘 최고 유행한다는 써마지나 프락셀, 레스틸렌 성형에 대해선 피부과 전문의 못지않게 빠삭하지만 서브프라임, 환경 문제, 세종시 이전 문제 등 사회적 이슈에 대해선 벙어리가 되는 싱글을 멋지다고 할 사람은 없다. 멋들어진 수트에 흰색 양말을 신으면 NG이듯, 진정한 스타일리시함을 원한다면 모든 면에 신경 써야 한다. 크리스찬 디올, 펜디, 지미 추, 마놀로 블라닉이 신발장에 100켤레 넘게 들어있어도 단칸방의 두 칸짜리 싸구려 싱크대의 가스레인지에서 라면을 끓여먹는 싱글 우먼이 별로 부럽지 않은 것과 마찬가지다.

그렇다고 스타일리시함이 돈과 비례하는 것은 아니다. 주머니가 두둑해야지만 멋을 낼 수 있는 건 아니다. 그래서 지금부터 나는 엣지있고 스타일리시한 싱글이 되기 위해 알아두면 좋을 여러 가지 라이프스타일에 대해 하나씩 이야기하고자 한다.

서정은

| Contents |

프롤로그   스타일있는 싱글로 살기 위한 노하우

**Chapter 1
Style & Fashion**

Stylish Woman _12
기본 아이템은 영원하다 _24
Shopping Guide _28
효과적인 옷장 정리법 _32
나에게 맞는 스타일 찾기 _37
신발에 미치다 _42
Great Little Black Dress _49

Party Queen _53
스타일리시한 트래블 룩 _64
Fashion Show _70

**Chapter 2
Self-Service**

행복한 삶을 위한 작은 사치 _78
Wine Time _84
일본술과 이자카야 _93
쇠고기의 참맛 _98
브런치를 즐겨라 _105
Home Party _110
알기 쉬운 파스타 요리 공식 _117

스타일리시한 라이프스타일이란? _124

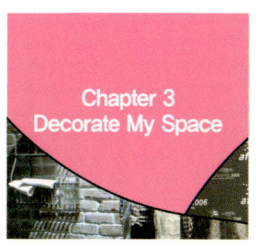

Chapter 3
Decorate My Space

인테리어에도 컨셉이 있다 _129
착시효과 살리면 인테리어가 산다 _136
기능성과 멋이 공존하는 공간별 인테리어 _143
인테리어 소재, 나무 _153
나무와 꽃으로 포인트 살리기 _162
특별한 날, 특별한 인테리어! 크리스마스 데코레이션 _167

Chapter 4
Love Your Body

Make Your Good Body _174
반짝이는 피부 관리 비법 _192
Make-Up _206

Chapter 5
Travel the Earth

여행지에서는 모든 것이 즐겁다 _212
어떻게 하면 판타스틱한 여행을 할 수 있을까? _219
'짐싸기의 달인' 되는 법 _231
랄프 로렌과 마크 제이콥스의 도시, 뉴욕 _236
패션의 절대 최강 도시, 파리 _242
펑키 패션의 탄생지, 런던 _253
매혹적인 여행, Cruise _261

Chapter 1 / **Style & Fashion**

Chapter 1 / Style & Fashion

나는 패션 스타일리스트이다. 직업이 직업인지라 주변 친구들이 쇼핑을 하러 갈 때 어디서 무얼 사야 하는지를 물어보는 경우가 많다. 특히 패션 스타일에 관해 조언을 구하는 경우가 종종 있는데, 그때마다 나는 그냥 즐기라고 말해주곤 한다. 옷을 잘 입는 비결에 대해 묻는 경우에는 '옷을 많이 사보고 입어보는 등 다양한 경험을 하기 위해 상당 부분을 투자하라' 고 말해준다. 사실 옷을 잘 입는다고 인정받는 건 마치 '재테크의 달인' 혹은 '요리의 고수' 가 되는 것처럼 어려운 일이다. 그만큼 옷과 패션에 대해, 금전적인 부분이든 시간과 노력적인 부분이든 많은 부분을 투자해야 하기 때문이다.
하지만 스타일이라는 것은 그것과 별개의 문제다. 패셔너블하게 잘 입지 않아도 스타일은 분명 갖출 수 있다. 많은 사람들이 패셔너블하게 차려입은 것을 스타일리시하다고 생각하는데, 나는 이 두 가지가 다르다는 점을 먼저 말해주고 싶다. 실제로 나는 최상위층 트렌드의 값비싼 하이엔드 패션을 다루고 있지만, 개인적인 패션 라이프는 매우 실용적인 것을 즐긴다. '가격 대비' 패션을 즐긴다고나 할까? 과감히 투자해야 할 아이템에는 투자하고, 또 저렴한 것을 입어도 좋은 아이템에는 돈을 절약하기도 한다.
센스 있는 싱글이라면 기본적인 의상 몇 벌만으로 변신을 거듭할 수 있다. 비법은 단순하다. 꼭 필요한 기본 의상이 무엇인지 알고, 모임이나 장소 등에 따라 현명하게 코디네이션 할 줄 아는 것이다. 화려한 싱글의 조건은 비싼 옷을 입는 것이 아니다. 자신에게 어울리는 패션을 찾는 것, 그게 바로 스타일의 시작이다.

Stylish Woman

"그 광고대행사 부장님 진짜 멋있지 않아? 나이가 40대 후반인데 언뜻 봐서는 30대 초반처럼 보이고, 몸도 너무 날씬하고 옷은 또 얼마나 스타일리시한지…. 볼 때마다 부러워."
"결혼 안 했지? 그래서 그래. 아줌마가 아니라서…."
함께 일하는 어시스트들이 수다 떠는 이야기를 듣자니, 피식 웃음이 나온다. 미혼인 40대 싱글은 아줌마가 되지 않는다? 과연 그럴까?
여성의 나이는 스스로를 얼마나 아끼고 가꾸며 신경 쓰는지에 달려있다. 물론 남편이나 자녀를 둔 여성에 비해 싱글인 여성이 시간적·금전적 여유가 있어 자기에 대한 투자를 하기가 더 쉬운 것은 사실이지만, 실제로는 그렇지 못한 싱글도 많다.
이야기의 주인공인 '부장님'이 만약 촌스럽고, 나이보다 늙어 보이고, 빈티나게 보인다면 어땠을까?
"그녀는 돈 벌어서 어디에 쓰는지 몰라. 스타일도 없고 얼굴에 생기도 없고…. 그러니까 그 나이가 되도록 결혼도 못했지. 아, 나도 저렇게 늙을까 겁난다."

분명 이런 평가가 이어지지 않을까.

우아한 싱글로 평가받기란 쉽지 않다. 하지만 싱글이라면 '아줌마' 보다 더 많이 노력해야 한다. 그것은 싱글의 특권이자 의무이다. '아줌마보다 못한 싱글' 은 최악이다.

'스타일리시하다' 는 표현은 말 그대로 스타일 즉 형태가 있다는 뜻이다. 단언컨대 '옷 잘 입는다' 나 '패셔너블하다' 라는 말과는 분명히 다르다. 모호하게 들리겠지만 '스타일리시하다' 는 말은 '예쁘다' 라는 표현보다 '멋있다' 는 단어와 더 잘 어울린다.

스타일리시함은 비단 이번 시즌 최신 유행 의상이나 청담동에서 가장 잘 나가는 헤어 디자이너의 헤어 커트에서 나오는 건 아니다. 170센티미터의 키에 길고 곧게 뻗은 다리, 탄력 있는 가슴과 작은 얼굴의 소유자라고 할지라도 천박하게 옷을 입거나 껌을 질겅질겅 씹는 모습에서 우리는 '스타일리시함' 을 찾지 못할 것이다.

잘 아는 남성 패션지의 기자 K양은 스타일에 관한 자기만의 주관이 뚜렷해서 그녀가 칭찬하는 타인의 스타일리시함은 다소 엉뚱한 구석이 있다. 예를 들자면 이렇다. "샤를로트 갱스부르는 너무너무 예뻐. 방금 자다 깬 허스키한 목소리로 담배를 찾아. 그러고는 세상 밖의 일은 관심 없다는 투로 무심하게 담배를 물고 불을 붙이는 그 모습이 정말 스타일리시해."

맞다. 스타일은 너무나 철저히 주관적이고 이기적인 것이다. 입은 옷의 분위기와 느낌, 실루엣, 컬러, 디자인, 단추 모양이나 소매 단 등의 디테일, 헤어스타일, 평상시나 말할 때의 표정, 손짓, 가방이나 보석, 액세서리, 신발, 벨트, 피부, 얼굴 생김 등 외적으로 보여지는 모든 것들이 그 사람과 잘 어울려 훌륭한 조화를 이룰 때 비로소 '스타일리시하다'고 칭찬하게 된다. 그 사람의 스타일이 다수의 기호나 혹은 트렌드와 맞으면 비로소 '패셔니스타'나 '스타일 아이콘'으로 불리게 되는 것이다.

스타일리시해지는 건 어떻게 보면 예뻐지는 것보다 쉬우며 비용도 덜 들 수 있다. 안젤리나 졸리가 아카데미 시상식장에서 대단히 값비싼 유명 디자이너의 드레스를 입었을 때보다 화이트 컬러의 낡은 슬리브리스 톱에 회색 트레이닝 팬츠를 입고 길거리를 걷는 모습이 더 스타일리시해 보일 수 있는 것은 바로 거기서 그 사람의 스타일이 드러나기 때문일 것이다.

물론 스타일을 만들기 위해서는 매우 바쁠 수밖에 없다. 건강하고 탄력 있는 머릿결을 위해 항상 관리해주어야 하며 손톱도 깔끔하게 손질해야 한다. 얼굴이나 몸의 피부는 탄력 있고 촉촉하게 유지하는 것이 좋다. 몸이나 얼굴의 장점이 돋보일 수 있도록 옷을 입고 액세서리를 착용해야 한다. 언제나 열린 마음가짐으로 새로운 트렌드를 시도해 보되 자신의 개성과 스타일은 한결같이 유지하는 것이 좋다. 항상 긍정적이고 밝은 사고를 할 수 있도록 마인드 컨트롤을 하는 데 유념해야 한다. 주변의 사람들을 돌보고 배려하는 마음을 갖도록 한다. 음식을 먹을 때는 이보다 더 맛있게 먹을 수 없을 것처럼 먹는 모습이 좋다. 생활에 활력을 더해 새로운 취미를

가지거나 경험을 해보는 것도 좋다. 닮고 싶은 롤 모델이 있다면 그 모델을 따라 해 보는 것도 좋다.

옷을 입거나 외모를 가꿀 때 테마나 컨셉이 있는 것이 스타일리시함에 많은 도움이 된다. 그러기 위해서는 자기 자신에 대해서, 패션에 대해서 많이 알수록 좋다. 그래서 무채색 톤의 모던하고 도시적인 컬러를 즐겨 입는다거나 빈티지 룩을 좋아한다거나 아니면 포멀하게 의상을 입거나 반대로 캐주얼한 의상을 즐기거나 하는 일관된 주제를 가져 보자. 당신의 애티튜드가 결국 스타일리시 우먼으로 만들어줄 것이다.

유혹 이하 매혹 이상

갓 패션지 기자가 된 스물다섯 살 1월에 처음 들은 단어가 바로 '엣지' 였다. 드라마 〈스타일〉 덕분에 전 국민이 아는 단어가 된 바로 그 '엣지' 말이다. '선', '모서리' 라고 사전에는 되어있으나 사실 패션계에선 '스타일을 가장 멋지게 살려주는 결정적인 어떤 것' 정도의 의미로 통한다.

백화점 VVIP로 매출의 대부분을 책임지는 고객들 모두가 패셔니스타는 아니다. 그 이유는 패션을 내 것으로 받아들이지 못하고 스타일을 창출해내지 못해 '엣지' 있는 패션을 연출하는데 실패했기 때문이리라.

누구나 다 가진 블랙 팬츠와 화이트 셔츠라 하더라도, 그것을 어떻게 입고, 어떻게 소매를 걷고, 어떤 헤어스타일을 했는지, 어떠한 손놀림인지, 피부색은 어떤지, 눈매와 표정, 말투는 어떤지에 따라 천만 가지 스타일이 나오기 마련이다. 나 역시 나만의 엣지있는 스타일을 만들기 위해 노력해왔는데, 몇몇 문장으로 쉽사리 규정할 수 없겠지만, 개인적으로 치중하는 것들을 소개해볼까 한다.

클리비지를 과감히 드러내라!

내가 대학생 때만 해도 여자들이 가슴 앞섶(클리비지, cleavage)을 꼭꼭 싸두는 옷을 입으면 논개의 후예인양 찬양 받았다. 쇄골과 클리비지를 드러내면 마치 '섹스 심벌'인 양 과감한 노출로 몰고 갔고, 사생활 또한 그다지 도덕적이지 않을 것이라 생각하는 분위기였다.

하지만 클리비지를 드러내는 것과 사생활의 자유로움 여부는 별개다. 잡지 기자 시절 옆자리의 선배는 백 번이 넘는 선을 보다 결국 어릴 때부터 알던 착하고 순한 남자와 결혼을 했다. 그녀는 유창한 영어 실력, 귀여운 얼굴과 세련된 제스처의 소유자로 충분한 매력이 있었지만 결혼 전까지 어떤 남자와도 키스를 해본 적이 없는 쑥맥이었다. 그러나 그녀는 얇은 저지 셔츠를 가슴골까지 풀어헤치고 노 브라를 감행하는 과감함도 있었다. "앞이 목까지 올라오는 그런 옷 입으면 키가 더 작고 어깨

20대 때부터 줄곧 나의 워너비 스타일 아이콘이었던 샤를로트 갱스부르

가 더 넓어 보이거든." 아담한 키의 그녀가 선택한 최상의 스타일링이었다.

나는 반대로 가슴이 풍만하고 어깨가 좀 굽은 편이다. 그렇지만 클리비지를 드러내어 V넥을 만들어주면, 굽은 등이나 긴 허리, 자칫 아줌마처럼 둔해 보일 수 있는 가슴 따위에서 시선이 분산되고, 오히려 얼굴을 작게 보이게 하거나 목이 길어 보이게 한다.

체형의 결점을 감추어야 할 목적이 있는 스타일링 면에서 클리비지는 매우 고마운 부위다. 신체 부위 중 비교적 가장 살이 없는 부위인 목에서 쇄골, 가슴 골로 내려오는 라인을 드러내면, V라인에 시선이 분산되기 때문에 그만큼 얼굴이 갸름해 보이며 날씬해 보이는 효과도 누릴 수 있다. 흔히 코르셋이나 란제리 룩에 클리비지라는 단어가 따라오지만 지적이고 프로페셔널해 보이는 오피스 룩도 단추를 두세 개 푼다면 시크함을 더할 수 있고, 레깅스와 형광색 닥터마틴, 티셔츠의 캐주얼 룩에 네크라인을 보여준다면 섹시함을 더할 수 있다.

액세서리는 최소한 절제하고 최대한 과감하게!

가끔씩 하는 스타일링 클래스에서 내가 청강생들에게 반드시 조언하는 것은 몸에 지닌 주얼리나 액세서리를 빼서 2개 이하만 착용하라는 것이다. 만일 '블링블링'이 컨셉이라면 다른 문제지만 말이다. 여자의 스타일을 망치는 주범은 의외로 다른 곳에 있다. 그것은 멋 내기 위해 착용한 고양이 모양의 달랑거리는 귀고리와 요즘 유행한다는 '너드' 스타일의

까만 뿔테 안경, 비싸 보이지도 그렇다고 쿨해 보이지도 않는 패션 시계, 남자 친구와 함께 산 커플링, 18K 얇은 줄의 목걸이, 이 모든 것을 같이 하는 용감함이다.

지금 패션 트렌드는 실용과 고급이라는 어울리지 않을 것 같은 상반된 요소들을 혼재시키는 것이다. 고급스런 파인 주얼리는 실용적인 디자인을 고르고 커스튬 주얼리는 반대로 고급스런 디테일을 골라서, 외출할 때 한두 개씩 걸쳐주면 센스를 인정받을 수 있다.

블랙을 사랑하라! 이런 저런 유행을 쫓아 하나 둘씩 옷을 사던 막내 기자 시절, 첫 컬렉션 관람을 위해 간 곳이 파리였다. 쇼장 앞에 모여든 각국의 내로라하는 멋쟁이 기자와 바이어들은 첫날에도 블랙 코트에 블랙 팬츠, 블랙 선글라스, 블랙 부츠 일색이더니 마지막 날까지 블랙으로 입었다. '매일 옷을 조금씩 갈아입어야 하니 맞춰 입기 편하게 색을 통일했구나'라고 생각했는데 알고 보니 그들은 블랙을 너무 사랑해서 평생 블랙만 사 입는 마니아들이었다! 그러고 보니 내가 좋아하는 파리 〈보그〉 패션 디렉터인 엠마뉴엘 알트도, 스타일리스트 브라나 울프도, 배우 샤를로트 갱스부르도 모두 블랙 마니아로 유명하다.

첫 컬렉션의 충격 이후 십년이 훌쩍 지난 지금도 나는 심플한 블랙 코트와 블랙 머플러, 블랙 슈즈와 백을 찾아 헤맨다. 블랙의 심플한 H라인 스커트와 리틀 블랙 드레스, 블랙 캐시미어 니트 카디건과 V넥 니트, 블랙의 터틀넥 톱, 블랙 스키니 진, 블랙 테일러드 재킷과 팬츠, 블랙 코트를 무채색 아이템과 섞어 입으니 주변에서 '옷 제법 입는다'라는 얘기를 듣는 건 어렵지 않았다.

블랙이란 마법과도 같은 컬러이다. 블랙은 가장 눈에 띄지 않는 색이지만 어떻게 스타일링하느냐에 따라 가장 패셔너블한 컬러가 되기도 한다. 로맨틱 룩이나 클래식 룩, 퓨쳐리스틱 룩, 섹시 룩이나 큐트 룩 등 그 어떤 컨셉의 의상일지라도 컬러를 포인트로 나머지는 블랙으로 통일하면 매우 모던하고 시크한 분위기를 풍기게 된다. 대신 블랙을 연출할 때는 꼭 소재의 퀄리티나 패턴의 정교함, 깔끔한 마무리, 고급스런 디테일에 신경 써야 한다. 많은 사람들이 그저 블랙 의상만 입으면 되는 줄 아는데, 그러면 김혜수가 목 놓아 외쳤던 '엣지'가 빠진, 김 빠진 맥주 같은 스타일링이 될 뿐이다. 심플한 컬러이기에 그만큼 디테일이 요구되는 것이다.

다양한 머플러를 상비하라! 베이직한 티셔츠와 데님 팬츠, 컨버스를 신은 내가 스타일에 표정을 주기 위해 쓰는 가장 손쉬운 방법은 니트 머플러를 루즈하게 걸치는 것이다. 머플러는 평범한 옷차림에 표정을 준다. 왠지 세련된 분위

기를 풍기게도 해주고 허전한 목과 가슴을 채워주며 또 적당히 보온성도 있다. 긴 머리를 풀렀을 땐 머리 위로 돌려 자연스럽게 빠져나오는 계산된 헤어 스타일링을 즐기기도 한다.

실제로 나의 옷장엔 여러 가지 소재와 볼륨, 컬러가 각기 다른 머플러가 수십 개 있다. 연한 그레이 깅엄 체크 머플러는 페일 핑크 니트 카디건 위에 걸쳐주고 베이지 색의 트렌치코트 위에는 얇은 블랙 니트 머플러를 두 번 돌려준다. 그 외에도 프레피한 레트로 룩을 연출할 땐 골이 있는 리브 조직의 벽돌색 머플러를, 바네사 브루노 풍의 로맨틱한 페미닌 룩을 연출할 땐 조직이 성긴 파스텔 톤의 모헤어 머플러를 둘러준다.

머플러는 베이직한 재킷보다도 훨씬 유행을 타지 않으며 싫증도 나지 않아 절대로 버리지 않게 되는 아이템이다. 평범해 보이는 옷일수록 조잡한 액세서리보다는 적절한 머플러를 둘러주어서 더욱 매력적인 스타일링을 만들어본다.

기본 아이템은 영원하다

스타일을 살리려면 어찌됐건 돈이 든다. 아무리 싱글이라고 해도 '쌍쌍족'이나 남편이 있는 유부녀보다 금전적으로 많이 여유롭다고는 할 수 없다. 소소하게 쓰다 보면 늘 부족하다. 유부녀는 아이 때문에 아르바이트를 해야 한다지만, 싱글들은 어떻게 될지 모르는 미래도 준비하고, 부모님의 서포트 없이 혼자 자립해야 하니, 경제적으로 쪼들리는 건 마찬가지다. 그렇다고 스타일을 버릴 수는 더더욱 없는 일. 저렴한 방법으로 스타일리시해질 수는 없을까?

가장 먼저 챙겨야 할 것은 기본 아이템을 갖추는 일이다. 베이직하고 클래식해서 세월이 흘러도 유행을 타지 않고 싫증이 나지 않는 것들이어야 하는데, 그렇기 때문에 시간과 공을 들여서 찾아 몸에 잘 맞고 질이 좋은 것으로 구비하는 것이 좋다.

스타일리시한 싱글이 되기 위해서는 두둑한 지갑보다, 남보다 빠른 발과 부지런한 손놀림이 더 필요한 셈이다. 히치콕 감독의 〈이창〉에서 그레이스 켈리가 입은 파스텔 톤의 캐시미어 트윈 세트와 진주 목걸이, 재클린 오나시스의 7부 소매 투피스와 커다란 렌즈의 선글라스, 〈쉘부르의 우산〉에서 카트린느 드뇌브가 입은 트렌치코트는 오늘날 케이트 모스와 린제이 로한도 즐겨 입는다. 세월이 흘러도 베이직하고 클래식한 아이템은 영원하다는 뜻이다.

⟨ Essential Item ⟩

Black Blazer
몸에 잘 맞고 심지어 슬림하게 보이는 블랙 블레이저라면 많은 금액을 치르고도 살만한 가치가 있다. 두고두고 입으려면 흰 먼지가 잘 붙지 않는 고급스러운 울 소재에 디테일이 너무 유행을 따르지 않는 심플한 투버튼 블레이저를 선택한다. 팬츠나 H 라인의 펜슬 스커트와 한 벌로 사두면 더욱 활용하기 좋다. 영화 〈프리티 우먼〉의 마지막 장면에서 줄리아 로버츠가 아름다워 보였던 건 블랙 블레이저의 영향이 크다.

White Shirt

화이트 셔츠는 드레스 업 할 때도 드레스 다운할 때도 언제든지 활용 가능한 아이템이다. 골반을 덮는 길이로 어깨선과 소매 길이, 목둘레가 잘 맞고 품은 적당히 여유 있는 실루엣이 좋다. 허리 라인을 강조하지 않은 보이시한 디자인이 클래식하다.

Trench Coat
프렌치 시크의 대표 아이템 트렌치 코트. 잘 맞는 블랙 재킷을 만나는 것만큼 어렵다. 버버리가 트렌치 코트의 대명사이지만, 스텔라 매카트니도 페미닌한 트렌치 코트를 만드는 것으로 유명하다. 베이지, 카키 등 다양한 톤이 존재하는데 자기 얼굴색과 잘 어울리는 톤이 좋다. 뻣뻣한 소재나 부드럽거나 광택 있는 소재 등 취향껏 선택한다. 소피아 코폴라나 케이트 모스가 입은 트렌치 코트를 유심히 살펴보자.

White Tee
아메리칸 패션의 출발점. 70년대에 처음 선보인 티셔츠는 자유의 상징이자 젊음의 해방을 나타내는 매우 중요한 패션 아이템이 되었다. 라운드 네크라인의 흰색 티는 드레시한 시폰 스커트나 청바지, 스포티한 팬츠, 리조트에서 입는 쇼츠 등 어떤 아이템이든지 함께 입을 수 있다.

Jeans
자연스럽게 워싱이 된 어두운 블루 색상이 오래 입어도 싫증나지 않는다. 무엇보다 중요한 것은 체형을 보완해줄 수 있는 디자인이어야 한다. 세븐이나 시티즌 오브 휴머니티(Citizen of humanity) 등의 프리미엄 데님은 고급 소재로 특별하게 고안된 패턴을 떠서 만들기 때문에 부드럽고 편안하게 몸에 맞으면서도 날씬하고 다리가 길어

보이게 한다. 블루 컬러 외에도 화이트 진과 블랙 진도 있으면 좋다.

Shift Dress

재클린 오나시스 하면 떠오르는 시프트 드레스(Shift dress)는 여유 있는 코쿤 실루엣의 미니드레스로 60년대 패션을 상징하는 아이템이다. 블랙은 클래식하고 지적이며 크림색은 고급스러워 보인다. 블라우스나 티셔츠를 레이어드하거나 플랫 슈즈, 메리제인 슈즈 등을 매치하면 패셔너블하면서 여성스러워 보인다.

Pants

골반부터 바닥으로 바지 선이 곧게 떨어지는 스트레이트 팬츠는 투자할 만한 가치가 있다. 밑 위 길이, 벨트라인, 바지통 등 패턴이 예쁘고 재단이 잘된 팬츠를 만나기가 무척 힘들다. 부지런히 다녀서 열심히 입어보고, 엉덩이가 예뻐 보이는지 다리가 길어 보이는지 등을 꼼꼼히 체크해본 후 구입한다. 블랙은 클래식하고 네이비는 단정하며 베이지는 귀족적이다.

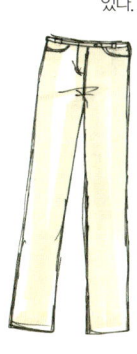

My Must-have Item

시즌마다 꼭 사게 되는 나의 머스트 해브 아이템은 터틀넥이다. 립(rib) 조직의 고무 편 니트로 타이트하게 피트 되는 얇은 터틀넥은 가을에서 봄까지 없어서는 안 될 아이템이다. 손목과 허리를 덮는 다소 여유 있는 길이로 고르면 가늘고 길어 보이는 착시 효과도 누릴 수 있고 보온성도 매우 훌륭하다. 캐주얼 한 원피스나 드레시한 튜브 드레스, 팬츠, 니트, 베스트, 재킷, 스커트 등 어떤 아이템과도 매치 가능한 똑똑한 아이템. 컬러는 다양하게 구비하는 것이 좋다. 띠어리(Theory)와 바네사 부르노(Vanessa Bruno)에서 동대문 제품까지 모두 섭렵하고 있다.

Shopping Guide

싱글에게 쇼핑은 자기 연출을 위해 꼭 필요한 시간이다. 매 시즌마다 백화점을 '털 수' 는 없더라도, 트렌드를 반영한 의상 한두 벌 쯤은 가져야 '엣지' 있게 스타일을 살릴 수 있다. 반드시 '엣지' 를 주어야 하는 한두 가지에는 과감한 투자를 하라고 말하고 싶지만, 스타일이란 '현찰' 에서 나오는 것이 아니다. 유행에 민감한 의상은 어차피 한 시즌밖에는 입지 못하는 경우가 많기 때문에 적당한 선에서 타협(?)하는 것이 현명하다.

간혹 어떤 이가 나의 쇼핑에 동참하면 쇼핑을 굉장히 빠른 속도로 한다고 말을 한다. 하지만 친구들과 백화점 한 층을 도는데 2시간 이상 걸리면서 매장을 기웃거리는 것은 쇼핑이 아니라 놀이이자 취미생활일 뿐이다. 그렇게 구입하는 것은 분명 충동구매일 확률이 높다. 빠른 속도의 쇼핑은 '옷을 사는 데만 집중' 하기 때문에 불필요한 품목에 대한 지출을 막을 수 있다는 장점이 있다. 물론 쇼핑을 성공적으로 하기 위해서는 무엇을 어디에서 구입해야 하는지를 미리 알아두는 것이 필수다.

The Most Important Shopping Tips

우선 평소에 쇼핑 정보를 수집하는 것을 게을리하지 않아야 한다. 패션잡지를 통해 트렌드가 어떤지 분석하고 마음에 드는 물건이 있으면 스크랩해둔다. 새로 생긴 숍 정보나 패셔니스타가 자주 가는 숍 정보도 알아두면 좋다. 사실 쇼핑할 시간이 없다는 건 변명에 불과하다. 밥을 먹고 영화를 보고 친구를 만나듯 시간을 투자하라.

쇼핑을 가기 전에는 옷장을 살펴보고 필요한 것이 무엇인지 미리 체크하는 것이 좋다. 밝은 색의 블라우스가 필요한지 스타킹이 필요한지 알면 시간을 절약할 수 있다. 대신 쇼핑은 꼭 혼자 가도록 한다. 친구나 엄마, 남자 친구는 쇼핑의 적이다. 그들이 추천하는 아이템은 그들의 취향일 뿐이므로 참고만 하자. 숍의 점원과 친해질 필요가 있다. 다 팔린 물건이 새로 입고되면 제일 먼저 연락을 해줄 것이고 세일 정보를 알려줄 것이다. 마음에 드는 것을 착용해본 다음에 거울을 보고 자신에게 어울리는지 냉정하게 판단해보자. 목 부분이 둔해 보이지는 않는지, 팔과 다리는 최대한 길고 가늘어 보이는지, 오래 입어도 싫증나지 않을 것 같은지, 컬러는 어울리는지 생각해본다. 가지고 있는 어떤 옷과 매치할 건지도 정해둔다.

⟨ Shop Like Me ⟩

● **이태원 지하상가**

브랜드에서 구입하기에는 다소 아까운 프린트나 대담한 컬러의 트렌디한 아이템을 사기에는 가장 좋은 곳이다. 반포대교 측에서 이태원 방향으로 진입하면 파출소 맞은 편 이태원 지하상가가 있다. 지하와 1층의 숍들을 꼼꼼히 살펴본다. 해외 수출용으로 OEM 제작된 티셔츠, 탱크 톱, 트레이닝 복이 매우 저렴하고, 고급스런 소재의 블라우스나 코트, 드레스, 스커트 등 트렌디한 디자인의 아이템들도 부담 없는 가격에 만날 수 있다. 단, 내구성이 떨어져서 오래 두고 입기에는 섬세한 관리가 필요하다.

● **백화점**

일 때문이기도 하지만 평소 신세계 본점과 갤러리아 백화점을 자주 찾는다. 신세계의 블루핏(Blue Fit)이나 갤러리아의 스티븐 알란(Steven Alan), 쇼룸(Showroom) 등에서 다양한 프리미엄 진을 만날 수 있다. 이자벨 마랑, 안나 수이, 바네사 브루노, 주카, 클로에, 돌체&가바나 등의 브랜드를 좋아한다. 신세계 본점의 분더샵은 청담 분더샵과 바잉한 옷들이 달라 더욱 감각적이고 세련된 느낌이다. 갤러리아 멀티 샵인 G.스트리트 494(G.street 494)에서는 다소 아방가르드한 디자인의 후세인 살라얀이나 콤 데 가르송, A.F.반더보스트(A.F.Vandervorst)들이 눈에 띈다. 에스컬레이터 부근에서 가끔 열리는 매대 세일도 놓치지 말자. 평소 마음에 들었던 아이템을 세일 가격에 살 수 있고 질 좋은 속옷도 싸게 구입할 수 있다.

● **동대문 종합상가 D동 5층**

그야말로 액세서리의 모든 것을 판매한다. 캐주얼 스타일링에 매치하거나 리조트 룩에 대담하게 할만한 액세서리를 아주 저렴하게 살 수 있다. 도매시장인 동대문 디자이너 클럽 지하 2층에서 파는 액세서리도 매우 싼데 도매이므로 한꺼번에 여러 개를 살 경우에만 구입 가능하다.

● 신라 호텔 아케이드 명보랑

30년 전통의 명보랑은 보석 세팅이 섬세하고 고급스러우며 가격 또한 만족스럽다. 주얼리 디자인은 투박하지 않은 앤티크한 스타일을 좋아하는 편인데 그러한 취향에 딱 부합하는 곳이다. 비싸지 않은 스톤을 손수 디자인해서 세팅해보는 것도 매우 재미있다.

● 여주 프리미엄 아울렛

해외에 비해서 아울렛의 할인율이 그다지 높지는 않지만 시기를 적절히 택해서 간다면 디젤, 분더샵, 띠어리, DKNY, 안나수이, 바네사 브루노, 돌체&가바나 등에서 지난 시즌 정말 사고 싶었던 아이템을 70~80% 할인된 가격으로 살 수 있다.

● 해외

세일한다고 필요하지도 않은 옷을 잔뜩 구입할 게 아니라 그 나라의 브랜드나 가장 유명한 아이템을 구입하는 것이 현명하다. 예를 들어 밀라노를 가면 이탈리아 브랜드인 프라다나 미우 미우, 막스 마라, 블루마린 등이 상대적으로 할인율도 높고 저렴하며 상품도 다양하다. 뉴욕에서는 세븐 진이나 루엘라 등의 미국 브랜드를 구입하고 런던에서는 버버리 등 영국 브랜드를 구입하자. 파리에서는 다리 뒷선에 재봉 선이 있는 클래식한 스타킹이, 도쿄에서는 불투명 스타킹의 품질이 매우 좋다. 동남아에서는 수영복을 구입한다. 1년 내내 수영복을 입을 수 있는 곳들이라 상품이 매우 다양하다.

● 면세점

선글라스와 화장품은 한국의 면세점에서 구입하는 것이 제일 좋다. 할인율도 매우 높고 서비스도 친절하다. 롯데 호텔과 신라 호텔 면세점 등을 주로 이용하는 편이다.

효과적인 옷장 정리법

저렴한 비용으로 센스있는 연출을 하는 것도 의(衣)테크다. 싱글이라면 의테크에 강해야 한다. 쇼핑을 잘 하기 위해서 혹은 옷을 잘 입기 위해서 해야 할 첫 번째 일은 효과적인 옷장 정리다. 아무리 마음에 드는 옷이라도 구석에 두고 찾지 못해 입을 시기를 놓치면 쓸모가 없다. 그리고 쇼핑을 하려 해도 어떤 옷이 있는지, 어떤 아이템이 필요한지 모르면 무슨 소용인가. 모처럼 입으려고 꺼낸 수트가 더러운 채 보관되었다면 그나마 입을 기회도 사라진다.

우리나라는 사계절의 차이가 확실하므로 옷장 정리는 적어도 1년에 4번은 해야 한다. 봄이 오면 대청소를 하듯 옷장을 정리하고 옷장의 효율적 수납 공간 확보에 투자해야 할 필요가 있다.

요즘 새로 신축하는 집 대부분은 드레스 룸이나 붙박이장이 마련되어 있는데 그렇지 않다면 오래된 옷장을 새롭게 리폼해보는 것도 좋다. 요즘에는 헌 옷장을 수거해 새롭게 칠하거나 몰딩을 붙이고 빈티지처럼 부식시키는 등의 마감 처리로 리폼해주는 서비스가 유행이다.

옷장은 크게 다섯 구역으로 나누어 옷걸이에 걸거나 접어놓는데 위쪽에는 재킷이

나 점퍼, 니트, 셔츠, 블라우스 등의 상의를 걸고 아래쪽에는 팬츠와 스커트를 걸어 놓는다. 한편에는 길이가 긴 원피스나 코트, 롱 스커트, 드레스 등을 걸도록 공간을 확보해야 한다. 그리고 티셔츠나 걸어놓으면 늘어지는 저지, 니트류를 한 공간에, 청바지나 트레이닝 팬츠 등 걸어놓지 않아도 무방한 하의류를 한 공간에 나누어 놓는다. 한 벌로 산 수트류도 따로 분류하면 스타일링하기 더욱 쉽다.

옷을 걸 때의 순서는 색상 별, 소재 별로 분류한다. 예를 들어 봄에 입는 스커트를 걸 때 모직부터 시폰 실크, 코튼의 순서로 걸고 어두운 색에서 밝거나 화려한 색 순으로 나열하는 것이다. 상의 또한 마찬가지이다. 니트류, 셔츠류, 재킷류를 나눠 분류하고 긴 소매와 짧은 소매 역시 구분해둔다.

옷을 접어 차곡차곡 올려놓을 때 무거운 것을 아래쪽에 놓아야 위에 놓인 옷들이 구겨지지 않는다. 티셔츠와 팬츠는 반만 접어 넓게 놓아두면 구김 없이 입을 수 있다. 간혹 옷장에 많이 넣으려고 여러 번 접어 쌓아두는 경우가 있는데, 옷의 상태를 보존하기 위해서는 삼가야 한다.

옷장 문을 열었을 때 지저분하거나 복잡해 보인다면 옷걸이를 통일해보자. 셔츠류나 머플러 등은 세탁소에서 주는 옷걸이를 이용하더라도, 니트나 재킷, 스커트 등은 각기 아이템에 맞는 옷걸이를 선택해 일렬로 걸어주면 숍의 디스플레이만큼 깔끔해진다. 홈쇼핑이나 인터넷 쇼핑을 이용하면 편리하고 동대문 광장 시장의 옷걸이 도매점을 이용하면 직접 보고 골라 저렴한 값에 구입할 수 있다. 플라스틱보다는 나무 옷걸이가 보기에도 좋지만 비싼 게 단점이다. 바지걸이는 철제류가 수명이 더 길고 모양이 가늘어 공간 활용에 좋다.

철 지난 옷을 보관할 때 비닐에 씌운다면 통풍 구멍 한두 개 정도 뚫어놓는 것이 좋다. 동물성 원단 의상은 통풍이 되지 않는 곳에 두면 오히려 악취가 나고 해충의 영향을 받기 쉽기 때문이다.

이렇게 가끔씩 옷장을 정리하며 가지고 있는 옷을 체크하다 보면 어떤 옷을 사야 할 지, 필요한 건 무엇인지 알 수 있다. 또한 옷장 속에 처박아 둔 옷이 유행이 돌아와서 다시 입게 된 기쁨이란!

〈 Tools for closet 〉

벨벳 옷걸이
옷걸이에 옷을 걸었을 때 흘러내리는 것을 방지하는 소재로 만들어진 제품으로 니트나 티셔츠, 새틴 종류를 걸기에 적합하고 부피가 작아 많이 걸 수 있다. 상의와 하의를 함께 걸어 둘 수 있어 공간 활용도도 뛰어나다.

스카프용 옷걸이
옷장 속 아이템들은 눈에 잘 보이고 손쉽게 찾을 수 있어야 자주 사용할 수 있다. 스카프를 눈에 잘 띄지 않는 서랍 속에 차곡차곡 접어 수납하게 되면 보통 잘 쓰게 되지 않는다. 스카프 걸이에 걸어두고 손쉽게 닿을 수 있는 곳에 걸어두면 스카프의 활용도가 높아질 듯.

철재 선반
옷장 정리의 핵심은 데드 스페이스를 효율적으로 사용하는 것. 요즘의 붙박이장이나 드레스룸에는 격자로 짜인 철제 선반을 옵션으로 짜 넣을 수 있어 수납에 효과적으로 사용할 수 있다. 옷을 거는 봉과 선반 사이 빈 공간에 철제 선반을 만들어 공간을 활용하자. 자주 입는 면티 종류나 목도리 등을 밀어 넣어두면 옷장 공간이 2배로 늘어날 것이다.

바지 정리대
옷장의 옷걸이 아래쪽에 두어 공간을 활용할 수 있는 바지 정리대는 20벌 정도의 바지 수납이 가능하며 바퀴가 달려있어 어디로든지 편리하게 이동이 가능하다. 제철의 바지는 옷걸이에 걸어 잘 보이게 하고 철 지난 바지는 정리대에 걸어 투명 커버를 씌어두면 먼지 걱정 없이 보관할 수 있고 내용물도 쉽게 확인할 수 있다.

슈즈 홀더
신발은 패셔니스타의 단골 컬렉션이다. 많아진 신발을 보관하는 게 큰 골칫거리인데 면, 마 재질로 만들어진 슈즈 홀더에 넣어 두면 공간 활용을 잘할 수 있다. 여자 신발은 한 칸에 두 켤레 수납도 가능.

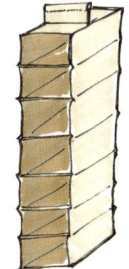

플라스틱 박스
바퀴가 달려 이동이 쉽고 뚜껑이 있어 먼지 걱정도 없고 쌓아 올릴 수도 있다. 선반에 쌓거나 옷걸이에 걸기 어려운 액세서리나 모자, 벨트, 장갑 등의 소품을 넣기에 좋다.

종이 박스
옷장 위 빈 공간에 넣어두면 좋은 박스. 직육면체라 철 지난 니트나 티셔츠 등을 넣기에 적당하다. 1년에 한 번 입는 한복을 보관하기에도 좋다. 예쁘게 이름을 써놓으면 내용물 구분이 되어 찾기 쉽다.

인출식 케이스

플라스틱 재질로 된 서랍은 칸막이로 공간을 마음대로 조절할 수가 있다. 여러 개를 함께 쌓아두고 사용해도 되는 제품. 작은 액세서리를 담아두기 적당하다.

○ 나만의 드레스 룸 꾸미기

1 스페이스 맥스
전화 : 02-588-4307
웹사이트 : www.spacemax.co.kr
특징 : 가볍고 튼튼한 알루미늄과 PB, MDF 목재로 구성됨. 이사시 재설치 용이함.

2 인필퍼니처
전화 : 02-3442-4989
웹사이트 : www.infeel.net
특징 : 연예인의 드레스 룸으로 많이 소개된 곳. 나무를 사용해 값이 비싸지만 그만큼 고급스럽다.

3 한샘인테리어
전화 : 1588-0901
웹사이트 : www.hanssem.co.kr
특징 : 도어까지 있어 옷장 형태로 만들 수 있는 곳.

4 하이 크라제
전화 : 032-831-4447
웹사이트 : www.high-krazet.com
특징 : 다른 드레스 룸 가구 브랜드보다 저렴하면서도 견고하다.

○ 감각적인 액세서리 수납법

1 오래되어 멋스러운 액자의 그림을 떼어내고 벨벳 등의 천을 부착해 시침 핀을 군데군데 꽂는다. 여기에 목걸이나 귀고리를 걸어놓는다. 유화를 그리는 캔버스도 좋다.

2 서랍엔 속옷이나 양말만 넣는 게 아니다. 자주 쓰지 않는 벨트를 둘둘 말아 지퍼 백에 넣어 보관한다.

3 목걸이나 귀고리가 서로 뒤엉켜 흠집도 나고 색도 바래는 경우가 있다. 계란판이나 고급 과자 상자의 칸 칸마다 귀고리나 목걸이를 나눠 보관한다. 목걸이나 후프 귀고리는 작은 지퍼 백에 따로따로 넣어 보관한다. 찾기도 쉽고 상태도 훌륭하게 보관할 수 있다.

4 방 안 장식품으로 조각상이나 어릴 적 가지고 놀던 인형이 있다면 여름용 목걸이를 여러 겹 걸어둔다. 조금 큰 인형은 모자 보관용으로도 좋다. 독특한 디스플레이 효과는 덤이다.

나에게 맞는 스타일 찾기

소개팅은 3초에 모든 것이 결정된다고 한다. 눈 몇 번 깜빡거리는 동안 이미 상대에 대한 호감, 비호감이 갈리고, '제발 애프터 신청을 해줬으면' 또는 '제발 날 싫다고 해줬으면' 하는 마음의 결정이 난다.

자신이 상대를 '칼같이' 잘라 버리는 것은 괜찮지만, 자신이 거절당하는 입장이라면 누구나 즐겁지 않을 것이다. 그러니 상대가 마음에 들지 않아도 괜히 밉보여서 '저 사람은 뼛속 깊이 싱글일 수밖에 없구나'라는 이야기는 듣지 말자. 적어도 '괜찮은 사람인데, 왜 짝이 없었을까? 눈이 너무 높은가'라는 생각을 하게끔 자신을 연출해보자.

옷, 표정, 말투, 안경이나 스카프 등의 액세서리들이 하나의 스타일을 형성해 이미지를 만들고 캐릭터를 표현해준다. 이성 앞에 나설 때는 물론, 사회 생활을 할 때도 스타일을 살려 이미지를 연출해서 손해 볼 일은 없다.

흔히 떠올리는 패셔니스타나 스타일 아이콘들의 공통점은 자신에게 어울리는 스타일을 알고 힝싱 엣지있고 시크한 스타일을 고수한다는 것이다. '나는 과연 어떤 스타일인가? 어떤 스타일이 나를 가장 잘 표현해줄까?'를 고민하는 것은 평생의 과

〈 Classics 〉

베이직하고 심플하며 모던해서 시대가 바뀌어도 전혀 촌스럽게 느껴지지 않는 스타일이다. 화이트 셔츠, 그레이 재킷, 팬츠, 스트레이트 진 팬츠, 심플한 수트, 아이보리 터틀넥 캐시미어 니트, 모피 재킷, 가죽 줄의 클래식한 시계, 마놀로 블라닉의 베이직한 하이힐 등으로 클래식 스타일을 표현할 수 있다. 클래식의 가장 중요한 포인트는 디테일이 절제된 기본 디자인이어야 한다는 것.

Style Icon 제니퍼 애니스톤, 캐롤린 베셋 케네디, 로렌 허튼, 스텔라 매카트니, 소피아 코폴라, 샤를로트 갱스부르, 안젤리나 졸리

How to 현재의 컬렉션 사진이나 핫 셀러브리티 스타의 사진으로 패션을 연구하기보다는 흑백 영화나 옛날 잡지, 오래된 사진집을 연구하는 편이 좋다. 디자이너 브랜드에서 유행과 상관없이 고집하거나 다시 재현하는 아이템이 클래식 스타일이라고 보면 된다. 에르메스의 벌킨 백이나 구찌의 켈리 백, 버버리의 트렌치 코트 등이 그것이고 얼마 전에 처음 소개된 뒤 꾸준히 사랑 받고 있는 발렌시아가의 라리아트 백 역시 클래식이 될 전망이다.

블랙, 화이트, 네이비, 그레이, 카키가 바로 클래식 컬러다. 이들 컬러는 어떻게 섞어도 깔끔하고 보수적인 스타일을 고수하게 된다. 디테일 없는 심플한 디자인인 만큼 소재가 고급스러워야 하고 풀을 먹이거나 다림질을 하는 등 손질이 잘 되어 있어야 아이템이 빛을 발한다.

〈 Bohemians 〉

2차 대전이 끝날 때까지 세계는 전쟁으로 피폐해져 자유나 인권 등에 대해 심각하게 고려해볼 여유가 없었다. 어린이들은 전쟁에 나간 어른 대신 공장으로 내몰렸고 사랑하는 젊은 남녀는 파병 등으로 안타까운 이별을 해야 했다. 전쟁의 후유증으로부터 치유되던 50년대 무슈 디올은 극도로 여성스러운 실루엣인 '뉴 룩'을 발표했다. 이후 60년대 청춘 문화가 발달하던 무렵, 미국 베트남 참전을 반대하던 젊은 이들이 반전과 자유의 구호를 외쳤다. 이때 등장했던 것이 바로 '보헤미안 룩'이다. 아무렇게나 낙서가 된 티셔츠, 빛바랜 나팔바지, 페이즐리 무늬의 프린트가 방랑하는 집시를 연상한다고 해서 보헤미안 룩으로 불리게 되었다.

미니멀리즘이나 레이디라이크 룩이 유행하면 이어서 틀림없이 돌아오는 트렌드가 바로 보헤미안이다. 주근깨가 있는 까무잡잡한 피부라면 더없이 잘 어울린다. 몸매가 가늘고 길다면 살랑거리는 꽃무늬 시폰 블라우스나 티어드 드레스를 시도해보아도 좋을 듯.

Style Icon 시에나 밀러, 커스틴 던스트, 제인 버킨, 케이트 허드슨, 올슨 자매, 린제이 로한

How to 60, 70년대 유행했던 롤링 스톤즈나 퀸, 존 레논 등의 노래를 들으면 보헤미안 룩에 대한 영감을 절로 받게 된다. '자유로운 영혼'을 표현하기 위해 어떤 제약이나 선입견 없이 섞어 입으면 된다. 블랙의 포멀 팬츠와 하이힐에도 티셔츠와 다 떨어진 빈티지 모피 코트를 매치하는 식으로.

보헤미안 스타일은 챙 넓은 모자나 하이웨이스트의 판탈롱, 페이즐리나 잔잔한 꽃무늬의 시폰 블라우스나 드레스 등으로 연출할 수 있다. 이때 핸드백은 낡은 가죽을 패치워크한 숄더백이 최고다.

〈 Ladies 〉

참한 손짓, 여성스런 발걸음, 우아한 미소. 그레이스 켈리와 오드리 헵번, 비비안 리가 보여주던 여성스런 이미지이다. 풍만한 가슴과 엉덩이, 잘록한 허리 라인을 강조하는 'X' 실루엣의 대표적인 스타일이 레이디 룩이다. 코르셋에서 여자를 해방시킨 코코 샤넬의 트위드 룩에서부터 시작된 현대적인 레이디라이크 룩은 50년대 디올이 발표한 '뉴 룩'으로 절정을 맞이한다. 당시 여자들이 보여준 '퍼펙트 와이프' 룩은 영화 〈트루먼 쇼〉에도 잘 표현된다. 1999년 〈셰익스피어 인 러브〉로 아카데미 여우주연상을 수상했던 기네스 팰트로가 아카데미 레드 카펫에서 보여준 핑크색 랄프 로렌 드레스는 레이디 룩 그 자체였다. 우아한 미소와 침착한 성격, 글래머러스한 몸매를 지녔다면 레이디 룩에 도전해볼 만하다.

Style Icon 기네스 팰트로, 오드리 헵번, 그레이스 켈리, 재클린 오나시스, 마돈나, 리즈 위더스푼, 르네 젤위거, 케이트 블란쳇, 니콜 키드만, 미샤 바튼

How to 장갑, 모자, 하이힐, 스타킹, 스커트, 재킷, 블라우스, 클러치, 몸매 보정용 거들까지 모두 갖춰 입는다. 항상 빛나는 머릿결과 단정한 손톱을 유지하고 우아한 미소를 위해 립밤을 바르는 것을 잊지 않는다. 테이블 모서리에 다리를 찧어도 외마디 비명을 지르는 것은 금물이다.

클래식하면서도 우아한 룩을 즐기려면 샤넬이나 랄프 로렌 컬렉션을 눈여겨 본다. 섹시한 레이디라이크 룩의 고수는 아무래도 구찌를 럭셔리 브랜드로 키운 디자이너 톰 포드. 그가 제안하는 스타일들을 연구해본다.

〈 Trendiest 〉

〈섹스 & 더 시티〉 드라마의 인기는 사실 사라 제시카 파커의 화려한 패션 스타일 때문이라고 할 수 있고 〈메리에게 특별한 것이 있다〉에서 카메론 디아즈의 코믹 연기가 빛을 발했던 것은 그녀가 매우 트렌디하고 패셔너블했기 때문이다. 그들은 누구나 부러워할 만한 외모와 자기 연출력을 지닌 '워너비 싱글' 이었던 것이다.

트렌디한 패션을 즐기는 사람을 패셔니스타라 부를 수 있다. 그들은 항상 유행을 리드하며 어떻게 자신을 포장해야 매력을 더할 수 있는지를 알고 그것을 매우 쉽게, 척척 풀어낸다. 그들에게 '절대 안돼'는 없다. 흰색 티셔츠에 로맨틱한 스커트를 매치해보기도 하고 후줄근한 트레이닝 팬츠에 하이힐을 매치하기도 한다. 클래식에서 미니멀, 매니시, 레이디, 섹시 등 어떤 스타일이든 시도해본다. 트렌디한 스타일을 즐기고자 한다면 필요한 것은 용기뿐이다.

Style Icon 사라 제시카 파커, 카메론 디아즈, 클로에 세비니, 케이트 모스, 키아라 나이틀리, 미란다 커

How to 핫 트렌드 스타일을 발 빠르게 전해주고 어떻게 응용하면 되는지 알려주는 가장 저렴한 참고서인 패션 잡지를 탐독하라. 주머니 사정이 허락된다면 시즌의 가장 핫한 브랜드(친절하게도 잡지에서 계속 언급해준다)에서 포인트로 매치할 아이템을 구비한다. 때와 장소에 맞게 모델 룩에서 캐주얼 룩까지 카멜레온처럼 변신한다. 가장 좋아하는 브랜드 같은 건 정해두지 않는다. 남이 즐겨 입는 아이템은 과감히 버린다.

신발에 미치다

28세 싱글 A양. 남자친구 없이 지낸 지 4년차인 그녀는 '중학생'이라는 별명을 갖고 있다. 중학생처럼 앳되 보이는 외모라서 붙여진 것이라면 좋겠지만, 불행히도 중학생이 교복 입은 것처럼 멋없고 센스 없다는 이유로 붙여진 별명이다. 그녀는 티셔츠에 청바지를 즐겨 입고, 365일 운동화를 신는다. 자신의 스타일에 변화를 주고 싶지만, 오랫동안 사랑해온 운동화를 벗자니 자신이 없었다.
남다른 패션 센스를 보여주고 싶거나 이미지를 업그레이드시키고 싶을 때 가장 빠르고 쉬운 방법은 신발에 투자하는 것이다.
신발은 여자의 욕망을 드러내는 매개체로 흔히 표현된다. 안데르센의 동화 〈분홍신〉에서는 여주인공이 분홍신에 대한 욕망을 다스리지 못한 죄로 발목을 자를 때까지 춤을 멈출 수 없었다. 〈섹스 & 더 시티〉의 주인공 사라 제시카 파커는 남자와의 연애가 뜻대로 되지 않아 스트레스를 받을 때면 어김없이 바니스 뉴욕 백화점에서 마놀로 블라닉 슈즈를 샀다. 필리핀의 유명한 독재 정치인 마르코스의 영부인 이멜다는 평생 3천 켤레의 신발을 모았고 할리우드 배우 키이라 나이틀리는 마음에 드는 신발을 보면 발에 맞지 않더라도 마구 사는 경향이 있다는 고백을 했다.

여자들이 보통 외모를 가꾸는 데 있어 투자하는 순서가 있다. 첫째는 옷과 액세서리에 투자하고 둘째는 헤어나 메이크업에 신경 쓴다. 그리고는 핸드백과 신발을 사고, 여유가 생기면 모피와 시계, 주얼리를 모으기 시작한다. 그러나 우리는 그 순서를 달리할 필요가 있다.

스타일을 가꾸기 위해서 나는 우선 좋은 신발부터 장만하라는 조언을 잊지 않는다. 신발을 자세히 관찰하면 그 사람의 성격이 어떤지, 걸음걸이의 특징이 어떤지가 드러난다. 혹은 그 사람의 생활습관이나 사정도 알 수 있다. 예를 들어 굽 뒤축이 까지거나 구두 밑창이 닳아있다면 많이 걸어 다니는 생활을 한다고 볼 수 있다. 한쪽 뒤 창이 많이 닳았다면 한쪽 다리를 지탱하고 서있는 습관이 있을 테고, 앞 코가 유난히 벗겨져 있다면 걸음을 내디딜 때 발 앞쪽부터 끌어 딛는 습관이 있음이 분명하다. 구두는 낡았지만 잘 닦아서 윤이 나고 밑창이 깨끗하다면 구두를 신은 그 사람이 부지런해서 평소 손질을 잘해놓는 습관이 있을 것이다. 이렇듯 신발은 취향 외에도 많은 의미를 함축한 스디일 표현의 도구이다.

좋은 신발이라면 비싼 값을 한다. 옷값의 경우에는 그것이 품질과 비례하지 않는

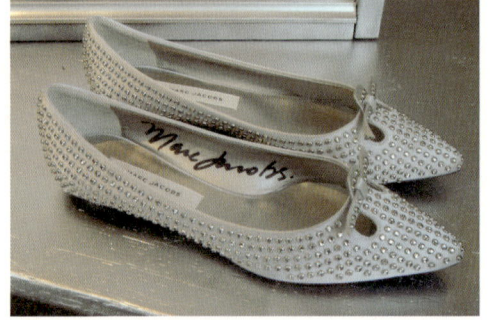

경우가 있다. 오트 쿠튀르 컬렉션처럼 한 땀 한 땀 장인의 정성이 들어간 매우 섬세하게 재단된 옷의 경우에는 당연히 값이 비쌀 수 밖에 없지만, 캐시미어도 아닌 혼방 니트가 단지 명품 브랜드라는 이유로 터무니 없는 값에 팔린다면 그 가격에는 원자재 값보다는 브랜드의 명성과 유통비가 훨씬 많이 책정되어 있을 것이다. 그러나 신발은 꽤 정직해서 비싼 신발은 독창적인 디자인도 훌륭하지만 무엇보다 발을 편안하게 해준다.

마놀로 블라닉이나 지미 추 신발이 유명해진 것은 비단 패셔너블하기 때문만은 아니다. 오히려 마놀로 블라닉은 몇몇 모델을 제외한다면 해마다 똑같은 모델을 선보인다. 그러나 이들 신발은 높고 가는 굽과 매우 얇은 밑창에 비해 놀라울 정도로 유연하고 편안하다. 트렌디하고 화려한 디자인의 겉모습 이면에는 겉창, 중창, 안창, 라스트 등의 신발 공정에 남다른 노하우가 숨어있기 때문이다. 이것이 좋은 신발을 신어야 하는 이유이다.

내가 좋아하는 신발 중엔 크리스찬 루부탱(Christian Louboutin)이라는 프랑스 브랜드가 있다. 마놀로 블라닉처럼 평생 신발만 만든 할아버지 디자이너의 이름을 딴 크리스찬 루부탱은 세계적인 명품 브랜드이지만 본점인 파리 시내의 매우 작은 가게에서 지금도 수작업으로 신발이 제작된다. 10센티미터가 넘는 굽이어도 폭신한 쿠션 감에 발이 피로해지지 않고 골드 필기체로 써진 브랜드 네임이 빨간색의 가죽 바닥(홍창)과 어우러져 클래식하면서 세련된 인상을 풍긴다. 송치 소재의 호피무늬 슈즈와 발가락이 거의 노출될 정도로 날렵하게 파진 낮은 굽의 에나멜 슈즈, 스페인 전통 슈즈를 섹시하게 변형시킨 에스파드류 등 신발 트렌드를 리드하고 있는 매우 패셔너블한 신발 브랜드이기도 하다.

과감한 디자인과 질러의 신발은 아무리 심플하고 평범한 옷을 입어도 비범한 패션으로 업그레이드 시킨다. 블랙 수트에 얌전한 블랙 슈즈를 매치하면 오피스 룩으로 제격이고 크리스털 슈즈나 빨간 손톱처럼 반짝이는 레드 페이턴트 슈즈를 매치하면 곧바로 파티에 참석해도 될 정도로 화려한 이브닝 룩으로 변신이 가능하다.
값비싼 샤넬 수트에 낡고 평범한 구두와 싸구려 티셔츠. 오래 입어 헤진 청바지와 비비드 컬러의 아찔한 하이힐. 과연 어느 쪽이 스타일리시해 보일 것인가는 불 보듯 뻔하다.

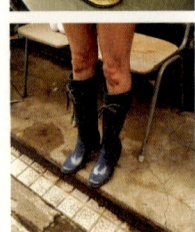

⟨ How to choose right shoes ⟩

● 아무리 신발이 예뻐도 신었을 때 불편하면 무용지물이다. 발이 불편하면 피로도 쉽게 쌓이고 작업능률도 오르지 않는다. 가벼운 발걸음이 매력적인 미소를 만든다.

● 검정 구두는 이제 그만. 옷은 심플하고 모던하게 입고, 신발은 독특하고 개성 있게 신는 것이 세련된 스타일링의 기본이다. 검정색이나 베이지 구두는 한 컬레면 충분하다. 레드나 옐로 등 비비드 컬러나 화이트, 메탈릭 컬러 등 다양한 컬러의 신발을 시도해보자.

● 신발은 애티튜드를 결정해 준다. 드레시한 룩에 운동화를 걸치면 펑키해 보이고 셔츠에 글래디에이터 샌들을 신으면 보다 감각적이고 능동적으로 보인다. 남자를 만나고 싶다면 꼭 하이힐을 신어보자.

● 야외 활동을 즐길 땐 꼭 목적에 맞는 신발을 신는다. 바닷가에서는 통(Thongs)이나 가는 끈의 샌들이 돋보이고 산에서는 운동화를 신어야 신체를 보호할 수 있다. 때와 장소를 가리는 스타일링일수록 스마트해 보인다.

● 발레리나 플랫 슈즈는 내추럴하고 시크한 이미지를 표현하는데 가장 좋은 신발이다.

● 부츠는 겨울철 보온 효과는 물론, 스타일을 위해서도 매우 좋은 아이템이다. 레이디 룩을 위해서는 무릎 바로 아래까지 피트 되는 하이힐 부츠를 신고, 스트리트 룩을 연출하거나 보헤미안 풍 빈티지 드레스를 입을 때는 루즈하게 흘러내리는 낮은 굽의 부츠를 신는 것이 좋다. 짧은 스커트나 쇼츠에는 무릎을 덮는 니하이 부츠가 몸매를 보정한다. 앵클 부츠는 팬츠나 스커트 모두 잘 어울린다. 발목만 가늘다면.

● 신발을 고를 때 뒤꿈치와 발기각이 편히게 밑창과 맞는지, 밑틍을 부느럽게 감싸고 볼이 잘 맞는지를 보아야 한다. 디자인을 볼 때는 옆과 뒤에서 보는 굽의 모양과 앞 코 모양, 발등의 커팅 디자인이나 스트랩 등을 면밀히 살펴보아야 한다.

스타일홀릭 48

Flat

Ankle boot

Platform sandal

Strap sandal

Flat sandal

Hadiaton

High heel boot

Wedge

Riding

Pump

Stiletto

Great Little Black Dress

1926년 어떤 여성보다 씩씩하고 활동적이었던 디자이너 가브리엘 코코 샤넬은 당시 여성들의 몸을 속박하던 코르셋과 치렁치렁한 드레스를 저편으로 치워 버리고 남자들의 언더웨어로나 쓰였던 신축성 있는 저지로 만든 H라인의 리틀 블랙 드레스를 선보였다. 드레스의 소매와 긴 치맛단을 싹둑 잘라 버린 샤넬은 이 아이디어를 남성복과 운동복에서 얻었다. 당시만 해도 허리가 잘록한 드레스를 입기 위해 어릴 때부터 코르셋으로 평생 허리를 압박했는데 성인이 되어도 늑골이 자라지 못하고 장기가 제자리에 자리잡지 못하여 소화기 이상으로 고생하거나 단명한 여성들이 많았다는 비극의 역사가 있었다. 지금은 상상도 못할 일이지만 마치 개미 같은 당시 여성의 골격 구조를 보면 그 사실을 확인할 수 있다.

리틀 블랙 드레스는 우아한 매력으로 빛나는 포드의 블랙 자동차에 비견되곤 했는데 그만큼 이 둘은 대중적이지만 우아하기도 했다. 당시 〈하퍼스 바자〉는 '1차 대

전 이후 시작된 여성복의 혁명은 여권 신장의 의미를 가진다' 고 할 정도였으니 이 작은 혁명이 얼마나 많은 파문을 가져왔을지는 가히 짐작하고도 남음이다. 복식사에서 산업 혁명과도 같은 사건이다.

우리 뇌리 속에 선명하게 살아 있는 패셔니스타들도 리틀 블랙 드레스를 입은 모습을 종종 볼 수 있다. 그 중에서도 기억에 남는 사람을 든다면, 속이 훤하게 비치는 니트 블랙 미니 드레스를 입은 제인 버킨(Jane Birkin)과 깡마른 몸매에 모즈(Mods) 룩 스타일의 구조적인 드레스를 입은 페넬로페 트리(Penelope Tree)는 1960년대를 대변하는 인물들이었고, 남편의 장례식에 단정한 검은 드레스를 입고 참석한 재클린 케네디 역시 세간의 화제로 남았다. 영화 〈은밀한 유혹〉에서 데미 무어는 깊게 파진 V-네크라인의 드레스를 입은 모습으로 로버트 레드포드로 하여금 은밀한 제의를 하게끔 하여 부부간의 불화(?)을 일으키는 사건의 시초가 되었다.

온갖 화려한 의상과 액세서리를 섭렵하는 사라 제시카 파커도 〈섹스 & 더 시티〉 시즌 6 중, 파리의 입성 장면에서는 리틀 블랙 드레스를 선택했다. 빈티지 믹스와 레이어드에 일가견이 있는 시에나 밀러 역시 〈팩토리 걸〉 영화 시사회장에서는 슬리브리스의 H라인 리틀 블랙 드레스와 복고풍의 골드 이어링을 매치했다.

Why black? 그렇다면 왜 하필 블랙일까? 블랙은 너무도 단순하지만 반대로 또 복잡하다. 블랙은 미스터리, 마법, 어둠의 세계를 연상시킨다. 이런 부정적 의미는 블랙을 아주 세련되고 신비로운 컬러로 만든다. 알리슨 루리(Alison Lurie)는 《The language of clothes》라는 책에서 이렇게 말했다. '화려한 컬러들은 심장 박동을 높이고 혈압을 상승시킨다. 각각의 컬러의 조화는 멜로디가 된다.' 이와 반대로 블랙은 정적이고 슬픈 이미지를 준다. 그래서 장례식 때 사랑하는 사람을 잃은 사람들은 검은 옷을 상복으로 입는 것이 아닐까?

총천연색 사이에 블랙은 가장 빛나기도 한다. 〈바람과 함께 사라지다〉에서 첫 번째 남편을 전쟁에서 잃고 기분 전환으로 참석한 파티에서 우연히 만난 레트와 춤출 때 상복을 입은 스칼렛 오하라는 그 어떤 화려한 비단 드레스의 여인보다 빛났다. 블랙이 유혹의 컬러로 작용했다.

그렇기 때문에 가장 우아하고 세련된 분위기를 내기 위해서는 필연적으로 블랙 컬러의 심플한 리틀 드레스일 수밖에 없는 것이다. 샤넬 여사가 '심플함은 엘레강스의 가장 중요한 요소입니다.' 라고 말했듯 가장 모던한 것이 가장 시크한 것이라는 그녀의 말은 80년이 지난 지금도 깨지지 않는 불변의 법칙으로 이어오고 있다.

Party Queen

싱글의 특권이라면 나이트 타임을 자유롭게 보낼 수 있다는 것이다. 밤바다 '불나방' 처럼 네온사인 사이를 날아다닌다는 것이 아니라, 친구들과 식사를 하더라도 집안 걱정, 아이 걱정 없이 시간을 즐길 수 있다는 것이다.

요즘에는 파티 문화가 어느 정도 대중화 되어서 부담 없이 참석할 수 있는 '파티' 라는 이름의 모임이 많고, 연말연시에는 특별한 모임 등에 참석할 기회가 많이 생긴다. 친구들끼리 재미 삼아 마련하는 파티에도 '드레스 코드' 라는 단어가 자연스럽게 등장하고, 분위기와 모임의 특성에 맞는 의상도 갖춰 입게 된다.

파티가 흥겹기 위해서는 가식 없이 놀 만한 편하고 재미있는 친구들과 술, 비트 강한 흥겨운 디제잉, 조명 그리고 파티 컨셉에 걸맞은 의상과 메이크업의 조화가 잘 이뤄져야 한다.

최근 몇 년 전까지 우리나라에서 파티 룩이나 이브닝 룩은 매우 생소한 것이었다. 하지만 외국 문화가 다양하게 유입되면서 파티가 흔한 이벤트가 되었고 이제는 각자 기호에 맞는 파티를 찾아 다니는 성도가 되었다. 어쩌다 파티에 참석할 기회가 생긴다면 '입고 갈 옷이 없어서' 거절하지 말고 미리미리 준비해서 좀더 버라이어티한 라이프스타일을 즐겨보자.

〈 Black Magic 〉

어둠이 깔린 밤과 가장 어울리는 컬러는 블랙이다. 블랙은 베이직하면서 화려하고 심플하면서 세련된 양면성을 가지고 있다.

- 리틀 블랙 드레스로 연출하는 것은 기본. 클래식한 아이템인 만큼 진주나 실버 혹은 골드 액세서리와 블랙 샌들, 앤티크한 디자인의 클러치나 토트백을 들어준다.

- 블랙이라고 어른스럽고 클래식할 이유는 없다. 재미있는 문장이 프린트된 펑키한 티셔츠와 서스펜더 달린 블랙 팬츠, 컨버스 운동화와 핫핑크 스타킹, 남성용 페도라 등 스트리트 패션으로 스타일링하면 쿨 클러버가 될 수 있다.

〈 Tux Lux 〉

1970년대 디자이너 이브 생 로랑은 남성들의 전유물이었던 턱시도를 여성의 실루엣에 맞게 디자인한 스모킹 수트(Smoking Suit)를 발표해 여성복에 일대 혁신을 일으켰다. 매니시하고 파워풀한 느낌을 연출할 수 있어 프로페셔널한 느낌을 준다.

- 화이트 컬러의 러플 블라우스나 네크라인에 핀 턱이 잡힌 턱시도 셔츠, 리본 묶는 블라우스의 상의에 블랙 턱시도 팬츠, 새틴 소재 벨트가 덧댄 H라인 스커트, 화이트 스트레이트 팬츠 등을 매치한다.
- 매끈하게 떨어지는 턱시도 재킷에 이너웨어 없이 블랙 브라만으로도 섹시한 연출을 할 수 있다.
- 턱시도 스타일은 전체적인 느낌이 모던하고 심플해야 하므로 특히 소재나 패턴이 고급스러워야 한다.
- 패티코트가 있는 A라인 스커트에 슬리브리스 러플 톱은 순종적이면서 여성스러운 느낌을 준다.
- 진주, 크리스털, 다이아몬드 등 블랙&화이트 컬러 대비의 보석이 어울린다.
- 반드시 블랙 컬러의 슈즈를 신는다.
- 샤넬의 퀼팅 백이나 클러치 같은 작은 백이 파티 룩에 어울린다.

〈 Color Play 〉

달콤하고 로맨틱한 파티나 이벤트를 위해서 비비드한 캔디 컬러 드레스도 꼭 갖추어놓자. 여성스럽고 우아한 의상으로 많은 사랑을 받는 랑방도 시즌에 따라 클래식한 블랙 의상이나 사랑스러운 컬러풀

의상들을 선보인다. 특히 여름 시즌에 잘 어울리기 때문에 밝고 편안한 실루엣의 디자인이 활용도가 높다.

- 에메랄드, 루비, 사파이어, 문 스톤, 아쿠아마린 등 유색 보석과 좋은 짝을 이룬다.
- 컬러풀한 드레스에 모노톤 슈즈는 금물. 실버나 골드의 메탈릭 샌들이나 비비드 컬러의 슈즈와 잘 어울린다.

- 의상 자체가 화려하게 때문에 액세서리는 과감한 것 한두 가지만 착용하는 것이 스타일리시해 보인다.
- 밝고 하얀 피부에는 파스텔 톤 의상이, 그을린 피부에는 비비드한 주얼 톤 의상이 잘 어울린다. 피부색의 미묘한 차이에 따라 옐로, 핑크, 퍼플, 바이올렛, 그린, 블루 등 어울리는 색이 있으니 꼭 입어보고 비교해볼 것.

〈 Sparkling Night 〉

최근 들어 더욱 인기를 모은 메탈릭 소재는 파티에 적격이다. 가슴 라인이 시원하게 파진 슬립 원피스, 슬림하게 피트 되는 스커트, 셔츠 등의 메탈릭 아이템은 블랙 컬러와도 잘 매치되고 청바지 같은 캐주얼에도 매우 시크하게 어울린다. 특히 조명을 받는 곳에서 더욱 진가를 발휘한다.

- 스팽글 장식으로 뒤덮은 H라인 원피스가 연말 파티의 패셔너블 아이템으로 떠올랐다. 스팽글은 잘 떨어질 수 있으므로 세심한 관리를 필요로 한다.
- 반짝임이 부담스럽다면 캐주얼한 차림에 한 가지 심플한 디자인의 메탈릭 아이템을 매치해본다. 청바지에 메탈릭 톱, 화이트 티와 골드 스팽글 스커트, 금사의 메탈릭 셔츠와 블랙 팬츠 등 평범한 아이템과 좋은 짝을 이룬다.
- 글래머러스한 연출을 위해서는 메탈릭 트렌치 코트 안에 미니원피스 만을 걸쳐준다. 사람들은 코트 안의 모습을 상상할 것이다.
- 옷이 부담스럽다면 메탈릭 클러치나 메탈릭 슈즈부터 시도해본다.

Choose the best party style

짝 없는 싱글이라서 외롭지 않냐는 이야기를 제일 많이 듣는 달은 언제일까? 바로 12월이다. 나이를 한 살 더 먹게 된다는 사실만으로도 부담스러운데, '아직도 싱글?' 이라는 뉘앙스의 질문들이 이곳저곳에서 쏟아진다.

하지만 짝 없는 싱글이라서 12월이 외롭다고 생각하면 큰 오산이다. 만나야 할 사람도, 정리해야 일도 너무 많다. 일단 12월은 파티의 달이다. 여러 해 사회생활을 한 사람이나 넓은 인맥을 자랑하는 사람이라면 여러 가지 망년회나 파티 스케줄로 달력의 빈칸이 제법 채워져 있을 것이다.

이때마다 가장 고민되는 것 중 하나가 어떻게 입고 갈까인데, 초청장을 보면 심지어 드레스 코드가 적혀 있는 경우도 많다. 'Chic & Trendy', 'Gold', 'Black & Edge', 'Sophisticated' 등 보기만 해도 당혹스러운 이 드레스 코드를 지키기 어려워 실제 내 주변에는 파티에 가는 것을 포기하는 사람도 있다. 하지만 겁낼 필요가 없는 게, 이 드레스 코드란 사실 주최 측이 파티의 특성과 분위기에 어울리는 단어를 제시하는 것으로, 무언가 파티를 고급스럽게 업그레이드해보려는 의도가 다분

한 것이기 때문이다. 드레스 코드를 지키지 않더라도 눈총은 받을지언정 쫓겨날 일은 없다.

하지만 파티의 드레스 코드를 성실히 지킴으로서 얻는 고조된 흥분 역시 파티를 즐기는 절대 요소이다. 결혼식에 신부가 웨딩드레스를 입어야 비로소 결혼을 실감하고 장례식에 검은 정장류를 입고 문상을 가야 엄숙함이 생기는 것처럼 파티 역시 주최측이 원하는 복장으로 참석한다면 파티의 일원이 되어 그들의 흥겨움에 녹아나는 것은 시간 문제다.

자, 그럼 드레스 코드를 어떻게 지켜야 할까. 바로 여기 다섯 가지 파티 룩의 공식이 있다. 학교 다닐 때 입던 교복을 입는 등의 독특한 컨셉의 파티가 아니라면 대부분의 드레스 코드가 이 다섯 가지 스타일에서 벗어나지 않을 것이다. 당신이 아주 쉽게 파티의 베스트드레서가 될 수 있는 비책이 바로 여기에 있다.

Dress Code:
Red

빨간색은 초록과 흰색과 더불어 크리스마스가 있는 12월에 특히 사랑받는 컬러로 파티의 드레스 코드에도 많이 언급된다. 빨간색

은 너무 튀지 않을까 우려를 많이 하는데 그것은 천만의 말씀. 모두가 레드 컬러 룩을 입을 때 혼자 무난한 모노톤을 입는 것이 더 눈에 거슬린다.

가슴을 강조하고 허리가 잘록한 무릎 길이의 글래머러스한 디자인의 레드 원피스는 50년대 대표적인 아이콘인 그레이스 켈리나 엘리자베스 테일러, 마를린 먼로에게서 느껴지는 클래식하면서도 여성스러운 아름다움을 표현할 수 있다. 옷과 액세서리가 모두 붉은 색 일색이라면 보는 사람도 싫증날 듯. 옷을 강렬한 레드 컬러로 선택한다면 신발이나 백, 액세서리는 따뜻한 레드와 어울리는 골드 혹은 무난하게 어울리는 블랙 컬러로 매치한다.

옷 전체가 빨간색이 부담스럽다면 소품이든 의상이든 한 가지 아이템의 컬러만 레드를 선택하는 것도 현명하다. 카메론 디아즈가 입었던 것처럼 올 블랙 스타일링에 레드 슈즈나 레드 클러치를 매치하면 매우 도시적이면서도 여성스러워 보인다. 에스까다 스커트처럼 독특한 디테일의 A라인 스커트를 블랙 터틀넥에 입으면 매우 사랑스러워 보일 듯. 김민희가 영화 〈여배우들〉 시사회에서 연출한 것처럼 올 블랙의 스타일링에 빨간 립스틱으로 포인트를 주는 것도 추천할 만한 방법. 단 피부가 하얀 사람에게 권해주고 싶다.

**Dress Code:
Black & White**

가장 일반적으로 요구되는 드레스 코드이지만 가장 시크한 파티 스타일링을 연출할 수 있다. 포멀한 파티에는 이브 생 로랑이나 디올 옴므 스타일의 매니시한 블랙 턱시도 룩을, 캐주얼한 파티에는 블랙 스키니 진과 블랙 베스트, 낡은 화이트 셔츠로 스타일링하면 어떨까.

칼라가 새틴으로 된 블랙 턱시도 재킷은 특별히 실루엣이 타이트한 디자인을 선택한다면 매우 트렌디한 스타일이 될 듯. 여기에 시크한 배기 팬츠를 입고 프릴 달린 화이트 실크 블라우스를 이너웨어로 입어 매니시하면서도 섹시한 느낌을 연출해

보자. '엣지' 있는 스타일을 위해서는 생명을 위협할 것 같은 아찔함에서 명명된 킬힐 슈즈가 필수다.

타이트한 실루엣이 부담스럽다면 블랙 스트레이트 팬츠와 기본 화이트 셔츠 또는 블랙 터틀넥을 입고 H라인의 블랙 롱 니트 베스트나 퍼 베스트를 걸쳐보자. 럭셔리하면서도 우아한 느낌을 줄 수 있을 듯. 자칫 블랙 컬러로 일관되면 밋밋할 수 있으니 크리스털의 대담한 커스텀 주얼리를 슬쩍 걸쳐본다.

Dress Code:
Bling Bling

흑인 힙합 래퍼의 의상을 연상케하는 블링 블링 드레스 코드라면 30, 40대는 고급스럽게 해석하여 70~80년대 디스코 스타일로 연출하면 매우 스타일리시할것이다. 반짝이는 아이템을 과감하게 해주는 것이 좋으므로, 심플한 의상에 굵기나 길이가 다른 여러 가지 빈티지 골드 체인 목걸이를 한꺼번에 걸어주거나 골드 클러치나 골드 샌들을 신는다.

골드 스팽글 톱이나 스커트를 심플한 하의나 상의와 함께 매치하면 파티의 퀸이 될

수 있을 듯. 80년대 록 무드와 어울리는 스터드 장식의 벨트나 뱅글, 슈즈, 가죽 팔찌 등을 액세서리로 함께 연출해준다. 각선미에 자신이 있다면 스팽글 장식의 미니드레스를 강추한다. 의상만큼 중요한 것은 메이크업이다. 피부 표현은 최대한 자제하고 아이라인으로 눈매를 강조하는 스모키 메이크업에 도전해본다. 정교한 테크닉이 없더라도 그저 블랙 펜슬로 슥슥 그려주고 약간 번진 듯 비벼주면 된다. 입술은 누드 톤으로, 골드 펄 섀도가 있다면 눈 앞쪽이나 꼬리 쪽에 포인트로 살짝 칠해준다.

Dress Code:
Black+Leopard

호피 무늬는 나이가 들수록 성숙하고 고급스럽게 소화해낼 수 있는 패턴이다. 호피 무늬를 매우 여성스럽고 우아하게 연출한 패션 아이콘 재클린 케네디의 스타일에서 힌트를 얻어보자면, 블랙 컬러 의상에 중요한 포인트 아이템으로 호피를 활용하는 것이다. 호피 무늬는 블랙이나 골드, 레

드와도 매우 궁합이 잘 맞는 패턴이다.

가장 소극적으로는 평소에 입는 포멀한 블랙 의상에 호피 무늬 슈즈를 신는 것만으로도 매력적인 룩이 될 수 있으며 호피 무늬 블라우스에 튜브 드레스나 블랙 가디건을 레이어드하여 소매나 네크라인 정도에 포인트를 주어도 좋다.

호피 무늬는 패턴 자체가 매우 눈에 띄는 강렬한 디테일이기 때문에 디자인이나 실루엣 자체를 매우 여성스럽고 클래식하며 베이직한 것으로 선택하는 것이 활용하기 좋다. 간혹 호피 무늬가 어색하게 찍힌 것이 있는데 유치해보일 수 있으니 삼가야 한다.

Dress Code:
Black+Fur

만일 드레스 코드가 'Black+α'로 주어진다면 과연 '알파'는 어떤 것으로 선택하는 것이 현명할까. 연말 모임인 만큼 과감한 스타일을 연출해볼 요량이라면 엑조틱(exotic; 이국적인, 실험적인)한 소재의 아이템을 섞어보면 어떨까. 드레스 코드를 와인 이상으로 즐기거나 스타일의 고수라면 한 번쯤 연출해 볼 만할 듯. 엑조틱한 소재라면 가죽 중에서도 악어나 타조 가죽, 패턴이 있는 밍크나 쉽사리 보기 힘든 사이버틱한 컬러의 퍼를 일컫는다.

고급스러운 파티룩을 위해서라면, 블랙 아이템은 아주 베이직한 리틀 블랙 드레스(LBD; Little Black Dress)나 수트를 선택하고 퍼 재킷이나 독특한 소재의 클러치와 과감한 디자인을 매치한다. 70년대 히피 무드를 반영한 블루 톤의 퍼 재킷에는 형광색의 액세서리가 아주 잘 맞아 떨어진다.

스타일리시한 트래블 룩

스타일 아이콘, 패셔니스타가 되기 위해서는 '남에게 어떻게 보일까'를 고민하기보다 스스로를 만족시키기 위해 '상황에 어울리는 룩'을 연출해야 한다. 아무래도 평상시의 스타일보다는 어떤 특별한 상황에서의 스타일이 더욱 주목 받고 기억에 남는 법이니까.

오랜만에 즐기는 파티, 결혼식장의 하객, 친목을 도모하기 위한 공원에서의 운동회, 주말 피크닉, 불우 이웃을 돕기 위한 봉사 현장 등의 상황에 가장 손쉽게 빠져드는 방법은 그에 걸맞은 옷차림을 하는 것이다.

평상시에는 바쁜 나머지 제대로 스타일에 신경을 쓰지 못한다 해도 주말이나 휴가를 위한 여행에서는 개성 있는 옷차림을 즐겨보자.

나는 어릴 때부터 여행을 즐겼다. 경제적으로 자립이 가능할 때부터는 곧잘 친구들과의 여행을 계획했는데 여행을 준비하고 즐긴 과정에서 가장 즐겁고 설렌 것은 바로 어떻게 입을까를 고민하는 것이었다. 줄곧 스키를 타다 스노보드를 배우게 된 원인도 두건을 쓰고 힙합 스타일로 입은 보더들의 스타일이 스키어들의 옷차림에 비해 매우 쿨해 보였기 때문이니까.

여행을 가면 출장을 갈 때보다도 훨씬 많은 짐을 꾸렸다. 매일 갈아입을 옷은 물론이고 낮 시간과 저녁 시간에 입을 옷을 구분했고 옷에 따라 신발도 각각 매치했다. 옷과 함께 연출할 다양한 액세서리는 물론 디너 타임을 위한 메이크업 도구도 잊지 않고 챙겼다.

트렁크는 2박에서 3박의 짧은 여행용과 6박 이상의 장기간 여행용으로 크기를 구분해 준비한다. 쇼핑을 많이 하게 되는 도시 여행에는 부피 적고 가벼운 나일론 가방을 여분으로 가져간다. 나는 트렁크 컬러를 연두색이나 분홍색, 주황색 등 매우 컬러풀한 것으로 구입하는데 그 이유는 비행기를 탈 때 짐을 부쳐도 얼른 눈에 띄니까 금방 찾게 되고 또 도난의 염려도 적기 때문이다. 또한 더욱 개성 있고 스타일리시해 보인다.

스타일리시 트래블 룩이 되기 위해서는 여행에 컨셉을 부여하고 스토리를 설정하는 방법이 있다. 만일 남아메리카 페루의 오래된 고적인 마추피추에 간다면 베이지

톤 아웃 포켓 점퍼와 밑단을 접은 쇼츠, 흰색 양말과 워커로 사파리 룩을 연출한다. 지중해와 접한 이탈리아 남부 시칠리 섬으로 여행을 간다면 영화 〈리플리〉에서 기네스 팰트로가 보여준 클래식한 복고풍의 휴양지 룩을 준비한다. 캡슬리브의 체크 셔츠는 밑단을 묶고 A라인의 스커트를 입는다. 수영복은 마를린 먼로가 입었던 50년대 풍으로 준비한다.

특별한 취향이 있지 않고서야 여행은 보통 따뜻한 나라로 가는 경우가 많다. 동남아의 럭셔리한 휴양지의 극진한 서비스와 고급스런 시설은 바쁜 일상 생활에 지친 심신을 달래주기 위한 시간을 보내기에 가장 좋은데 여기에 패션 스타일도 신경을 쓴다면 더할 나위 없이 패셔너블하고 스타일리시한 휴가가 될 것이다.

〈 Ethnic 〉

발리나 코 사무이 등의 럭셔리 하면서도 에스닉한 리조트를 간다면 의상 역시 에스닉한 스타일로 준비한다. 토속적인 분위기를 그대로 나타내는 에스닉은 세계 각국의 모든 전통 의상 스타일을 가리킬 수 있지만 요즘 에스닉이란 표현은 아프리카나 아시아 등 지역의 이국적인 분위기를 일컬을 때 자주 사용된다.

리넨 소재의 홀치기 염색한 선 드레스나 홀터넥 톱, 보헤미안 풍 블라우스, 화이트 데님 스커트, 통가죽 소재의 통, 밀짚이나 니트, 라탄 소재로 만든 매시 백 등이 잘 어울린다. 에스닉 프린트의 스카프를 이용해 톱이나 원피스로 연출하는 것도 센스를 발휘할 수 있다.

에스닉 아이템은 휴양지에서 구입한 토속 상품이 가장 저렴하고 뉴욕의 유명한 캐주얼 멀티 숍인 스쿱 NYC(Scoop NYC)나 칼립소 등에는 1년 내내 에스닉한 상품을 판매하는 것으로 유명하다.

〈 Marine 〉

바다로 여행을 갈 때 빼놓을 수 없는 스타일이다. 미 동북부의 럭셔리한 휴양지인 햄튼이나 남부의 마이애미 등과 잘 어울리는 마린 룩은 클래식하면서도 모던하고 지적인 분위기를 풍기기 때문에 시대를 초월해 많은 사랑을 받고 있다. 토미 힐피거, 랄프 로렌, 라코스테 등은 아예 브랜드 컨셉을 마린으로 일관되게 보여주고 있다.

피카소가 언제나 즐겨 입었다는 네이비 컬러의 스트라이프 톱, 화이트 팬츠와 스커트, L.L. 빈의 캔버스 백, 토즈나 호간의 로퍼, 레드와 실버 포인트의 의상과 액세서리가 함께 어우러져 마린 룩을 연출한다.

구찌나 프라다, 샤넬, 이브 생 로랑 등의 럭셔리 브랜드에서 매년 초에 발표하는 크루즈 라인 역시 프레피한 마린 룩을 일관되게 보여주고 있다.

〈 Jet Set 〉

산업이 발달하고 소비 문화가 확산된 60년대 이후 최상류층은 자가용 비행기를 타고 여행을 다녔다. 현재도 세계의 유명한 셀러브리티나 부호들은 직접 소유하거나 일정 기간 빌리는 개인 비행기를 타고 여행을 하는데 이때 입는 룩을 '젯-셋'이라 부른다.

비록 우리나라 문화에는 다소 생소하지만 제인 벌킨이 세르쥬 갱스부르와 공항에서 보여주었던 럭셔리한 스타일이나 할리우드 배우들이 공항에서 비행기 타기 전에 파파라치에게 포착된 스타일이 바로 젯 셋 룩이라 할 수 있다.

당돌한 틴 에이저 스타인 린제이 로한이 공항에서 수십만 달러 어치의 보석이 든 가방을 도난 당했다가 찾은 해프닝이 있었다. 당시 잃어버렸던 백이 오렌지 색 벌킨 백이었다. 60년대 스타일 아이콘 제인 벌킨을 위해 처음 만들어졌다는 벌킨 백은 바로 그녀가 비행기를 탈 때 애용했던 '젯 셋'의 대표 아이템이다.
장거리 비행기를 탈 때 연출해 볼 만한 스타일인데 비행기 탈 때와 내릴 때의 기후가 다른 점을 고려해 이너 웨어는 얇게, 아우터는 두툼하게 입는다. 건조하고 추운 기내에서 유용한 캐시미어 판초나 니트 등도 대표적인 젯 셋 아이템이다. 한때 세린느의 수석 디자이너이기도 했던 마이클 코어스가 사랑하는 스타일이다.

〈 Country 〉 프랑스 남부 프로방스나 니스 지방, 미 중부 내륙 지역 등에 잘 어울리는 스타일. 이들 지역에 가면 밤낮의 기온차도 많고 도시에 비해 상대적으로 말을 타거나 사냥을 하는 등 자연을 벗삼아 여가를 보내는 경우가 많아 내추럴하고 캐주얼한 룩이 필요하다.
굽이 낮아 활동이 편한 부드러운 가죽의 로퍼나 라이딩 부츠, 스키니 팬츠와 레깅스, 낡은 청바지, 소매가 없어 활동이 편한 패딩 조끼 등이 데이 타임용으로 그만이다.
80년대 미국 드라마로 선풍적인 인기를 끌었던 〈초원의 집〉 주인공들처럼 플라워 프린트의 목가적이고 로맨틱한 스타일도 매우 잘 어울린다. 손뜨개 니트 카디건과 잔잔한 플라워 프린트 원피스로 할머니의 복고풍 스타일인 '그레니에 룩'에 도전해보자. 우리 나라에서도 지방 여행을 할 때 그럴듯하게 어울린다.

〈 Urban Chic 〉 파리나 뉴욕, 밀라노, 베를린 등 패션 도시를 여행할 때 연출할 만한 룩이다. 차가운 회색 도시에서는 쿨한 스타일로 입어서 이방인이 아니라 그 도시에 사는 사람처럼 보이는 것이 여행을 알차고 스타일리시하게 즐길 수 있다.
도시로 여행을 하면 박물관이나 갤러리 관람, 쇼핑 등으로 낮 시간을 보내고 저녁 시간에는 그 도시에서 가장 인기있는 레스토랑에서 근사한 저녁을 먹고 트렌디한 바에서 칵테일을 하게 된다. 낮 시간에는 워싱을 하지 않은 로 데님이나 블랙 진에 플랫 슈즈나 부츠를 신고 모노톤의 셔츠와 니트 가죽 블루종이나 블랙 재킷 등을 캐주얼하게 매치해 활동에 구애 받지 않게 한다. 가벼운 빅 백은 쇼핑을 원활하게 해줄 것이다.
저녁 시간을 위해서 특별한 의상을 준비하는 것이 좋다. 평소에는 엄두도 내지 못했던 과감한 노출 의상이나 화려한 비즈 장식 의상, 아찔한 킬 힐, 클러치 등으로 그 도시의 패셔니스타로 변신해보자. 이색적인 변신 자체가 여행의 추억이 될 것이다.

〈 Cool Rocker 〉 런던이나 도쿄, 방콕 등 젊은이들의 독창적인 문화가 발달한 곳에 어울리는 의상이다. 패셔너블한 스타일링으로 주목받고 있는 패션 모델 아그네스 딘(Agyness Deyn)이나 그웬 스테파니 등이 즐기는 빈티지 믹스의 스트리트 패션은 그곳 젊은 문화에 자연스럽게 어울릴 수 있는 기회를 준다.
해골 프린트의 티셔츠, 흑백 사진이 전사된 티셔츠, 체인 액세

서리, 플라스틱 프레임의 안경, 블랙 가죽 블루종, 컨버스나 반스 운동화, 앵클 부츠 등이 '자유로운 영혼'을 표현하는 매개체가 된다. 요즘은 홍대나 압구정동 클럽 등에서 이런 차림의 사람들을 볼 수 있다.
런던의 힙한 멀티 숍 도버 스트리트 마켓이나 주말 빈티지 마켓에서 로커 스타일의 진수를 확인할 수 있다.

Sexy Glam Resort Look

평범한 리조트 룩에 만족하지 않고 조금 더 흥미로운 탐험을 하기 위해서 생 트로페즈(Saint Tropez)나 마요르카의 열정을 담은 섹시 글램 룩을 연출해보고자 한다. 뉴트럴 계열의 얼스(earth) 톤 컬러의 몸매를 드러내는 의상에 골드 메탈 주얼리를 과하다 싶을 정도로 팔에, 목에, 귀에 주렁주렁 달아준다. 샌들이나 플리 플랍, 핸드백이나 클러치는 메탈릭 골드 소재에 과감한 원석 스톤이 장식된 것을 골라 준다.

이런 스타일을 위해서는 단정해 보이는 것은 일단 배제해야 한다. 소박하게 보여 정감이 가는 거친 느낌의 에스닉 디테일도 주의하면서 관찰해야 한다. 등이나 가슴 등이 깊게 파져 노출이 많은 톱이나 커팅이 과감하고 피팅감이 좋은 팬츠, 힙선을 살려주는 저지 스커트 등이라면 무조건 환영한다. 액세서리는 디테일이 많고 화려한 컬러가 좋다.

Fashion Show

나는 라이선스 패션잡지 기자 출신이다. 대학 졸업을 앞둔 4학년 말에 패션의 'F' 도 모른 채 운 좋게 평소 즐겨보던 잡지 회사에 취직하게 되었다. 요즘 지원자들처럼 패션에 해박한 지식도 없었고 기자나 포토그래퍼, 디자이너 이름도 달달 외우지 못했다. 화려한 필력이나 냉철한 분석력과는 거리가 먼 발랄하고 철없는 여대생이 었던 내가 열정만으로 패션 에디터가 된 것이다.

패션지 기자로서 가장 재미있고 즐거웠던 일이 무엇이냐고 묻는다면 '해외 컬렉션 취재' 라고 서슴없이 대답할 수 있다. 컬렉션이란 전통 있는 디자인 하우스나 브랜드, 명성 있는 디자이너나 신인 디자이너가 참여해 봄/여름, 가을/겨울 1년에 두 번 의상을 발표하는 패션계의 큰 행사이다. 파리와 밀란, 뉴욕, 런던에서 열리는 컬렉션이 가장 유명하며 보통 1주일에서 열흘 정도 기간에 도시 별로 차례대로 열린다. 세계 각지에서 에디터들과 바이어들이 모여 쇼를 보면서 에디터들은 다음 시즌 유행을 분석하고 어떤 디자이너 쇼가 완성도 있고 훌륭했는지 냉정하게 분석하여 리포트한다. 바이어들은 다음 시즌에 판매하고픈 바잉 리스트를 작성한다. 포토그래퍼들은 컬렉션의 순간을 경쟁적으로 찍어대며 전세계에서 모델들이 모인다. 모델

들은 유명한 디자이너 쇼에 캐스팅되는 것으로 잡지나 광고 등에 활약할 수 있으므로 포트폴리오를 들고 필사적으로 오디션을 보러 다닌다. 드라마틱한 쇼를 위해서는 실력 있는 헤어, 메이크업 아티스트들이 필요하고 런웨이 음악이나 컬렉션 공간을 위한 스태프도 참여한다.

해외 컬렉션을 취재하는 출장에서 많은 것을 얻고, 보고, 느끼고, 배웠다. 한국을 대표해 컬렉션을 보러 온 에디터이기에 세련되고 트렌디한 의상을 갖춰 입어야 했다. 스타일을 위해 운동화가 아닌 하이힐을 신고 손에는 무거운 책과 브로셔를 들고 도시 이곳저곳에서 쉼 없이 열리는 패션쇼에 지각하지 않기 위해 날마다 뛰었다. 발에는 물집이 잡히고, 화장실 갈 시간조차 없을 정도로 바빠 끼니는 거르기 일쑤였으며, 매일 아침 일찍 호텔문을 나서 자정이 넘어야 들어와 몸은 녹초가 되었다. 컬렉션을 한 번 갔다 오면 3킬로그램씩 빠졌으니 '컬렉션 다이어트'라고 부르기도 했다. 그래도 정말 좋았다.

백 스테이지에서는 모델들의 본래 모습에서 캐주얼하고 시크한 스타일과 옷 입는 법을 익혔다. 컬렉션 쇼장에서는 샤넬의 칼 라거펠트나 랑방의 앨버 알바즈 같은 디자이너는 물론 니콜 키드만이나 기네스 팰트로, 밀라 요보비치 등을 직접 보기도 했다. 가장 큰 기쁨은 내가 제일 존경하고 좋아하는 스타일리스트인 브라나 울프나 엠마뉴엘 알트를 만나서 대화까지 했던 일이다. 〈바자〉의 시니어 에디터로 활약하기도 하는 브라나 울프는 헬무트 랭이나 루이 비통 쇼 등의 스타일링을 하는 세계적으로 유명한 스타일리스트로, 그녀의 실용적이면서 베이직하고 우아한 스타일

링을 나의 스타일링에 참고하기도 했다. 그녀는 알레산드로 델라쿠아나 버버리 프로섬 등 내가 개인적으로 좋아하는 쇼에는 어김없이 모습을 드러냈다. 그레이 니트 카디건에 화이트 톱을 입은 그녀의 모습은 매우 수수했다. 여유 있는 웃음을 짓는 브라나 울프에게 다가가 '당신의 빅 팬'이라며 사진도 찍고 '이번 쇼가 어떠했냐'고 의견을 묻기도 했다. 매 시즌 만날 때마다 인사를 했더니 나중에는 그녀가 먼저 아는 척할 정도가 되었다.

쇼장 앞에서는 〈뉴욕 타임즈〉의 패션 저널리스트 앤 크리스텐슨이나 〈파리 보그〉의 편집장 카린 로이펠트 등을 가까이서 만날 수 있다. 그들이 입은 옷의 스타일이나 손에 든 백, 부츠를 보면 이번 시즌 가장 핫한 브랜드나 스타일이 무엇인지 저절로 알 수 있다. 그들은 시에나 밀러, 케이트 모스보다도 한발 빨리 유행을 앞서가는 패셔니스타이기 때문이다.

컬렉션은 도시의 홍보에도 정말 좋은 기회다. 쇼를 주관하는 협회에서는 매번 에디터나 바이어에게 도시에 머무르면서 가볼 만한 갤러리, 호텔, 레스토랑, 숍 등의 정보를 담은 책을 나눠준다. 에디터들은 이 책을 들고 핫한 바나 레스토랑을 가고 그

내용을 취재해 잡지에 기재한다. 독자들은 잡지를 보고 흥미로운 정보를 접하니 당연히 파리나 밀란, 뉴욕이 패션 도시로 절로 알려지지 않겠는가.

My Favorite Model, Caroline Murphy

4년 전 2월이었다. 나는 컬렉션을 빠짐없이 관람하기 위해 매우 추운 날씨의 뉴욕을 헤매고 있었다. 뉴욕 컬렉션의 하이라이트 마크 제이콥스 쇼장에 들어섰던 순간 첫 줄에 앉은 모델 캐롤린 머피를 발견하게 되었다. 마크 제이콥스의 연두색 캐시미어 니트와 호피 프린트 클러치를 들었던 그녀가 누구인가? 그레이스 켈리가 환생한 듯 우아하고 모던한 외모로 톱 모델로 활약하나 에스티 로더, 티파니의 뮤즈가 된 마이 페이버릿 모델이다. 한창 주가를 날리던 그녀가 2000년경 잠시 사라졌다 우리 곁으로 돌아왔는데 알고 보니 캐리비안의 어느 섬으로 휴가를 갔다가 남자를 만나 아이 둘을 낳고 지내다가 컴백한 거다. 그 남진은 어느새 남편이 되어 기념사진을 찍으라고 나에게 잠시 자리를 비켜주기도 했다. 지금은 헤어졌다는 아쉬운 후문.

Chapter 2 / **Self-Service**

나는 먹기 위해 산다. '살기' 위해 '먹는' 것이 아니라 '먹기' 위해 '산다'는 건 그만큼 맛있는 음식이 주는 행복이 그 어떤 다른 즐거움에 비할 바 없이 크다는 뜻이다. 연인과의 소중한 시간에도, 친구들과의 친밀한 시간에도, 가족과의 따뜻한 시간에도 언제나 먹을 것과 함께 있다. 누군가와 약속을 할 때 어디에서 보자는 그 장소 역시 레스토랑이나 카페가 대부분이다.

자유분방하지만 자칫 외로울 수 있고 균형감을 상실할 수 있는 싱글 라이프에서 음식은 건강 면에서도, 즐거움을 준다는 측면에서도 중요한 부분을 차지한다. 시간 여유가 있는 날이나 맛있는 것을 먹기로 약속한 날이면 어디로 먹으러 갈지 어떤 것을 먹을지 고민하는 행복에 빠져보자. 오랜만에 교보문고에 들러서는 새로 나온 개정판 《블루리본 서울의 레스토랑》을 들춰보고 인터넷을 켜면 즐겨찾기 해둔 블로거들의 맛집 추천이나 새로운 추천 레스토랑 기사를 찾아보며 나의 레스토랑 지식을 업데이트시켜보자.

음식을 먹을 때 맛에 대해 일가견이 있다거나 취향이 있으면 그 사람이 더욱 스타일리시해 보인다. 그저 '이 집 오래되고 유명하다'는 표현보다 '이 집의 갈비 양념은 다른 유명한 그 곳에 비해 양념이 달지 않고 깊은 맛이 난다'거나 '이 집은 딴 건 몰라도 마지막에 볶음밥에 아롱사태를 구워 얹어서 함께 먹으면 맛이 기막히지'라는 표현이 훨씬 감각적이고 예민한 혀를 가졌다는 표식이 될 것이다. 이번 장에서는 나의 식생활에 대해 이야기하고자 한다. 내가 즐겨가는 단골집과 즐겨 만드는 음식의 레서피까지.

행복한 삶을 위한 작은 사치

우스갯소리이지만 우리는 먹기 위해 산다. 시계가 작동하기 위해서는 건전지가 필요하고 자동차가 움직이기 위해서는 휘발유가 필요하듯 사람은 음식물로 영양을 섭취해야 움직일 수 있다. 살아가기 위해 먹고 한편으로는 먹기 위해 사는 것이다.

문제는 어떻게 먹고 사느냐는 것이다. 사람들이 보통 하루 세 끼, 적어도 하루 두 끼, 약간의 간식, 여흥을 위한 음주 등을 하고 지내는데 무엇을 먹느냐에 따라 그날그날의 기분과 라이프스타일이 결정된다고 해도 과언이 아니다.

간혹 먹는 것이 뭐가 그리 중요하냐고 말하는 사람들도 있다. 먹는 것에 열중하거나 욕심을 부리는 것은 경박한 행동이라며 눈살을 찌푸리기도 한다. 남들은 보다 건설적인 일에 몰두하는데 나 혼자 먹는 걱정을 하고 먹을거리에나 관심을 두면 참 채신머리없어 보이기도 한다. '없이 자란 티' 내냐며 핀잔을 듣기도 한다. 하지만 생각해 보자. 감자나 떡, 식혜, 김치 등 먹을거리에 관련된 옛 추억이 없는 사람은 없을 것이다. 날이 추워지면 따끈한 우동 국물이 생각나고 밤샘 작업으로 피곤한 컨디션엔 갈비탕 한 숟갈이 최고의 약이다. 마음 맞는 옛 친구들과 만나기로 약속을 할 때면 무엇을 먹으러 갈지에 대해 한참 논쟁을 한다.

화려한 싱글 A씨. 그녀는 누가 들어도 부러워할 만한 '엄친딸'이다. 모두가 선망하는 명문대에 900점이 넘는 토익 점수, 해외에서도 알아주는 대기업에 다니는 그녀는 건축가나 컨설턴트, 소설가, 기자 등 어떤 직업의 사람과 대화해도 하루 종일 대화를 이끌어나갈 정도로 상식이 풍부하며 170센티미터가 넘는 늘씬한 키에 시원한 이목구비를 가졌다. 콧대가 쎄서 결혼을 못한 것이 아니라, 반대로 연애를 하면 남자에게 소심하게 끌려다니는 편이어서 망설이다 보니 아직 골드미스로 살고 있다. 그녀는 서울 시내 맛집뿐 아니라 뉴욕, 파리, 런던 등의 맛집도 꿰며 후배나 선배와 잘 어울리는 사교성도 가졌고 예의바르고 엄한 가정교육을 받은 사람처럼 신의 깊고 점잖다. 그런 그녀의 가장 큰 단점은 위장병이다.

자기가 살고 있는 오피스텔은 재테크 수단으로서 거뜬히 마련하는 능력있는 싱글녀로 맛집을 분별해낼 만큼 예민한 혀를 가지고 있지만 혼자 쉬는 주말에는 끼니를 거르고 내리 자거나 일에 몰두하면 밥 거르기를 일쑤로 하기 때문이다. 그렇게 식사를 건너뛴 만큼 또 보상 심리로 먹을 때는 맛있는 것을 푸짐하게 시켜 빈속을 채운다.

이런 싱글은 겉보기에는 화려하고 멋지나 집을 지탱하는 버팀목이 부실한 집과 같다. 빵이든 누룽지든 시리얼이든 아침에 간단하게라도 속을 채우고 집을 나서고 점심이나 저녁은 먹고 싶은 맛있는 것으로 해결하도록 하자. 가끔 친구들 혹은 직장 동료끼리 작은 홈파티를 열어서 직접 만든 음식과 감각을 뽐내는 것도 생활의 재미이기도 하다. 홈파티를 위해서 가끔씩 냉장고도 정리하고 필요한 재료를 사 넣기도 하고 철마다 인테리어에도 변화를 준다면 싱글 라이프로서 내실을 다지게 되는 것이다.

위장병처럼 위중하지 않은 증세가 있다면 적어도 6개월에 한 번, 아니 1년에 한 번이

사진 제공 | 오중석

사진 제공 | 최영민

라도 내시경을 받아 상태를 점검받고 식이요법을 조절하여 증세가 심해지지 않도록 조심하는 것도 자기관리에 필수적인 일이다.

패션 에디터로서나 스타일리스트로서 스타일링 외에도 기획, 섭외, 촬영 현장을 지휘해야 하는 일이 한 달에도 몇 번쯤 있다. 그러면 포토그래퍼나 헤어 스타일리스트, 메이크업 아티스트, 어시스턴트, 모델과 매니저, 세트 스타일리스트 등 십여 명의 스텝들의 식사를 챙기는 것 또한 진행자의 몫이다.

나는 스타일링도 중요하지만 그에 못지않게 식사 메뉴를 정하는 데에도 신중을 기한다. 스튜디오 주변의 음식점 중 조미료를 조금이라도 덜 쓴 가정식 백반집 등을 알아두었다가 배달시켜 먹거나 별미를 생각해두었다가 주문해서 먹을 수 있게 한다. 내가 진행을 하는 해외 로케이션 출장 때에도 마찬가지이다. 숙소를 정하고 로케이션 장소를 정하듯 맛집을 알아두었다가 하루 종일 촬영으로 고생한 스텝들을 이끌고 맛있는 식사를 하러 간다.

이렇듯 고집스럽게 식사의 질을 따지는 이유는 먹는 것이 스텝들의 사기와 직결되고 그것은 패션 화보의 완성도를 결정한다고 믿기 때문이다. 아무리 드라마틱한 스타일링을 연출한다고 해도 모델과 헤어 스타일리스트, 메이크업 아티스트, 포토그래퍼가 최상의 실력을 발현해주지 않으면 완성도 있는 화보를 만들어낼 수 없다. 스텝들의 사기를 고무시키기 위한 나의 작은 노력은 맛있는 식사를 대접하는 것이다.

스타일리시한 싱글 라이프를 살기 위해서 패션에도 신경 쓰고 외모도 가꾸고 교양도 길러야 한다. 먹는 것 역시 예외는 아니다. 밥을 먹는 모습, 메뉴를 고르는 모습에서 평소 어떤 삶을 살고 있는지가 솔직하게 드러난다. 옷에 대한 지식이 있다면 더욱 현명하게 쇼핑을 할 수 있고 멋지게 옷을 입을 수 있듯, 먹을 것에 대한 지식이 있다면 같은 값이라도 내 몸에 좋은 다양한 음식을 즐겁게 섭취하게 된다. 디자이너의 히스토리를 알고 그 디자이너의 옷을 입으면 더욱 이해하기 쉽듯 음식에 대한 지식이 있으면 더욱 그 음식을 선별해 즐길 수 있을 것이다.

고급스러운 비싼 음식만 먹자는 것이 절대 아니다. 한 끼를 먹더라도 '때우는' 식사를 할 것이 아니라 '즐기는' 식사를 하자는 것이다. 그것이 바로 삶과 패션과 조화를 이루는 스타일리시한 식생활이 될 것이다.

Wine Time

지친 업무를 마치고 동료 또는 친구, 선배와 함께 한 자리. '캬~' 하는 소리와 함께 목을 타고 넘어 가는 짜릿한 한 잔의 술은 싱글 라이프의 백미라고 할 수 있다. 남성 싱글들에게 가장 사랑받는 주류가 맥주와 소주라면, 여성 싱글들은 와인과 맥주 정도가 아닐까? 물론 소주를 즐기는 여성 싱글들도 많지만.

몇 해 전부터 불기 시작한 와인 붐은 싱글 라이프에도 영향을 주었다. "집에서 혼자 소주 한 잔 했어."라고 말하면 '이 여자 알코올 중독인가'라고 생각할 수도 있지만, "혼자 와인 한 잔 하고 잤어."라고 말하면 따뜻한 우유를 마시고 잠을 청했다는 것처럼 자연스럽고 심지어 그렇게 여유로운 시간을 보낸 것이 부럽기까지 하다.

와인은 술을 부담스러워하는 이들도 한 모금쯤 마실 수 있어 술자리를 부드럽게 해주고, 좀 더 진지하게 와인을 공부하고 싶어 하는 이들에게는 좋은 취미 생활이 된다.

와인은 그렇다. 허세를 부리자면 한없이 사치스러워질 수 있는 음료이지만 진정한 의미를 찾으려 한다면 그보다 더한 기쁨을 주는 취미도 없을 것이다. 와인과 친해지기 위해서는 여러 면에서 성의를 보여야 한다. 생각만 해도 복잡해지는 라벨 읽는 법

이나 품종에 따른 특징, 어울리는 음식들, 제조자나 산지에 따른 맛의 차이, 빈티지(수확년도)에 따는 특징 등을 익히면 와인을 즐기기가 더욱 재미있어진다.

와인이 매력적인 이유는 '조화'를 추구하기 때문이다. 와인 이론 서적을 보면 최상의 와인 맛은 먹는 이의 컨디션이나 주변의 온도와 습도, 와인 보관 상태, 함께 먹는 음식 등 헤아릴 수 없는 다양한 요소에 의해 결정된다고 한다. 와인을 즐기는 정도가 되면 그런 여러 가지의 요소를 고려해 와인을 고르게 된다.

이러한 점은 패션과 매우 비슷하다. 패션 피플이 까다로워 보이는 이유는 '취향'이 있어서이다. 같은 면 티셔츠라도 직조 상태에 따라, 미묘한 색의 차이에 따라, 혹은 프린트 디자인이나 소매의 박음질 상태 등에 따라 꼼꼼히 따져보고 결정한다. 와인을 즐기는 사람이나 패션을 즐기는 사람이나 별 것 아닌 디테일에 열광한다고 할까.

처음 와인을 본 때가 언젠가. 오래 전 와인이라는 단어도 생소할 무렵 간혹 특별한 식사를 하는 날이면 집에서 스키야키를 해먹었다. 전기 프라이팬을 달궈 배추와 양파와 두부, 비섯, 곤약 등을 잎고 간장과 육수로 만든 소스를 뿌린 뒤 끓이다 아주 얇게 저민 쇠고기를 덮어 살짝 익힌 후 계란 푼 소스에 건더기를 함께 찍어먹는 맛이 일

품이었다. 그때 어른들은 일본 청주보다 오히려 마주앙 레드라고 쓰인 와인을 즐겼다. 지금 생각해보면 비릿한 계란과 담백한 쇠고기, 채소 국물이 레드 와인과 어울린다는 것을 어렴풋이 알고 있었던 것 같다.

와인을 알고자 할 땐 일단 와인의 생산지가 어디인지부터 살펴본다. 우리가 많이 먹는 와인은 프랑스, 미국, 칠레, 호주, 이탈리아, 스페인, 남아프리카 공화국 등에서 수입한 것이 대부분이다. 와인 대국 프랑스 와인은 생산 지역과 빈티지(포도 수확 연도) 등에 따라 미묘한 차이가 난다고 하는데 그러한 미묘한 차이를 느끼기까지는 수백, 수천 병을 시음해보아야 할지도 모른다.

이제 막 와인을 즐기기 시작한 내가 해주고 싶은 말은 그냥 즐기라는 것이다. 이것저것 다양하게 마셔보면서 자신에게 맞는 와인을 찾다 보면 와인에 관한 이론을 자연히 알 수 있게 된다.

나는 본격적으로 와인을 알고 싶었을 때 단골 와인바를 만들었다. 분위기도 편안하고 상대적으로 가격도 저렴한, 소믈리에도 친절한 곳을 골랐다. 그리고 소믈리에를 적극 활용해 지금까지 내가 맛본 와인 중에 좋았던 맛을 구체적으로 묘사하고 추천해달라고 한다. 이름은 몰라도 상관없다. 좋아하는 와인 스타일이 드라이했는지 스위트했는지, 무거웠는지, 푸르티(Fruity)했는지 전문 용어도 모른 채 열심히 묘사를 했다. 소개팅을 주선받을 때 그냥 '좋은 남자'라고 말하기보다 외모와 성격, 학력, 집안 분위기, 습관, 취미 등 여러 가지 면에서 원하는 바를 꼼꼼하게 말하면 마음에 쏙 드는 남자를 만날 확률이 높은 것과 비슷하다. 단골 와인바를 찾을 때면 소믈리에는 전에 마신 와인 맛과 비슷하고 가격도 좋은 와인들을 소개해주었다. 와인을 파는 이곳저곳에서 열리는 할인 행사나 와인 장터를 적극 이용해 다양한 와인을 사 모았다. 집에서도 요리를 하면 어울릴 듯한 와인을 곁들였다.

그러다보니 어떤 와인을 좋아하는지에 대해 조금씩 알 수 있었다. 여러 가지 와인이 있지만 대체적으로는 레드 와인 중에서 미국 와인, 나파 밸리나 소노마 밸리에서 생산되는 멀롯(Merlot) 품종의 와인이 마시기에 부담스럽지 않고 좋았다. 프랑스 와인도 물론 좋은 멀롯 품종 와인이 많지만 날씨가 변덕스러운 탓인지 빈티지에 따라 맛이 일정치 않은 듯했다. 미국 와인은 빈티지에 따라 맛의 차이가 그리 크지 않으므로 초보자인 내가 아무거나 골라도 실패 확률이 적었다.

물론 멀롯만 마시지는 않는다. 카베르네 소비뇽이나 시라 등 프랑스 보르도 품종 등을 선택하기도 하고 그날 기분에 따라 샤토네프 뒤 파프, 생떼밀리옹, 오 메독 등에서 재배한 와인을 선택하기도 한다. 이탈리아 음식을 먹을 땐 단연 이탈리아 와인이 최고다. 느끼한 크림 소스나 산도 높은 토마토 소스, 올리브 오일의 뒷맛은 이탈리아의 산도 높은 와인과 만나 개운하게 해주기 때문이다.

세상의 옷은 많지만 좋아하는 스타일이 있어서 비슷비슷한 옷을 항상 고르게 된다. 다른 아이템이라도 선호하는 브랜드가 있기 마련이다. 와인도 마찬가지다. 좋아하는 브랜드는 생산지나 생산 회사, 좋아하는 스타일은 포도 품종이나 맛에 비유할 수 있다. 아무리 좋아하는 옷이라도 한 번 사면 다음엔 다른 스타일을 사듯 와인도 마찬가지. 이제 와인을 마실 때 무조건 '몬테스 알파'를 외치는 건 그만두자. 세상에 마셔 볼 와인 종류는 헤아릴 수 없이 많다.

⟨ Wine bar where I like to go ⟩

내가 가장 질색하는 와인바는 와인을 허세로 마시는 사람이 가득한 곳이다. 어떤 남자들은 시가를 피면서 와인을 마시는 사람이 있고 그걸 자랑쯤으로 여긴다. 하지만 향이 강한 와인과 역시 향이 강한 시가는 상극 관계라는 걸 아는지.

좋은 와인바란 와인이나 인테리어로 사람을 압도하는 게 아니라 어떤 누구든 편안하게 즐길 수 있는 분위기를 제공해야 한다. 세련되고 트렌디한 와인바라 잡지나 인터넷에 오르내리는 명소라 하더라도 '나의 수준'에 맞는 와인이 다양하지 않으면 한 번 가고 더 찾지 않게 된다.

그리고 누구든지 편하게 말을 걸 수 있는 옆집 누나나 아저씨, 동생 같은 친숙한 소믈리에가 있어야 한다. 우리나라 사람들은 자존심이 세서 그런지 수줍어서 그런지 와인에 대한 지식이 없어도 소믈리에게 물어보지 않고 직접 와인을 고르는 경우가 많다. 와인에 대한 지식이 많은 사람들은 셀렉트에 성공하겠지만 와인을 잘 모르면 낭패를 보는 경우가 많다. 또한 무조건 비싼 것과 유명한 것을 고르기 보단 소믈리에가 진심으로 추천하는 이름모를 저렴한 와인이 더 맛있는 경우도 많다. 와인바 혹은 와인 레스토랑은 정성스레 만든 맛있는 음식이나 안주거리와 함께 그 음식과 어울리는 셀렉션의 와인 리스트를 보유하고 있어야 한다.

그리고 와인바의 가장 중요한 점은 와인의 가격이 결코 비싸서는 안 된다는 것이다. 음식은 누구나 똑같이 만들 수 없는 것이기에 주방장에 따라 식재료에 따라 가격의 차이를 보이겠지만 희귀한 와인이 아닌 이상에야 와인의 기준 가격이 있으므로 적당한 선에서 마진을 붙인 곳을 다시 찾게 된다.

카사 델 비노

대표적인 와인 사이트 베스트와인에서 운영하는 곳. 청담동에 소재한 와인바답게 모던하고 럭셔리한 실내 장식을 자랑한다. 명품 와인잔에 속하는 리델과 스피겔라우 잔에 와인을 마실 수 있어 와인 맛이 더욱 좋다. 블루 치즈, 크림 치즈, 카망베르 치즈 등이 비스킷과 함께 서빙되는 3만 원짜리 모듬 치즈가 다른 곳보다 월등히 좋으며 와인 1잔이 포함되는 디너 코스의 음식 퀄리티도 매우 훌륭한 편이다. 다른 어떤 곳보다 와인 리스트가 매우 상세하고 친절하게 짜여 있다. 유명한 소믈리에인 로버트 파커가 평점을 매긴 파커 포인트(PP)와 산지, 빈티지, 가격 등을 한눈에 볼 수 있다. 유명한 와인은 굵은 체로 표기되어 고르기 더욱 쉽다. 1만 원대 데일리급에서 3백만 원대까지 선택의 폭이 다양하다. '보여주기' 식의 스타일이 느껴져 아쉽긴 하나 청담동의 그 어느 바보다는 맛도, 가격도 훨씬 실속이 있다.

위치 : 압구정동 명품관 근처 에르메네질도 제냐 옆 건물 지하
영업 : 시간 오후 6시~새벽 2시
문의 : 02-542-8003

와인북 카페

와인북 카페는 유흥가가 밀집하지 않은 주택 지역에 위치하고 이곳에서 먹는 음식의 맛이 매우 훌륭하고 인테리어는 유럽의 어느 한적한 동네에서 마주칠 것처럼 편안하고 코지하다. 종업원 모두 호텔 레스토랑의 종업원처럼 깔끔하게 유니폼을 입고 친절한 미소로 시종일관 서비스를 하기 때문에 영업 시간 내내 사람들의 발길이 끊이지 않는다. 이곳 사장님은 와인이 너무 좋아 와인 관련 책을 출판하다가 결국에는 와인바도 오픈하게 되었다고 한다. 음악에도 조예가 깊은지 오디오를 갖춘 모습도 제법 그럴듯하다. 스크린 시설이 되어 있어 와인 동호회의 모임도 가끔씩 열린다. 5만 원 미만의 와인 셀렉션도 풍부해 와인 초보자를 위한 선택의 폭도 넓다. 루꼴라 피자와 해산물 리조또, 버섯 샐러드는 꼭 먹어야 할 메뉴. 디저트가 없어 아쉬웠으나 끊임없이 제안한 덕에 티라미수 등의 디저트 메뉴도 갖췄다.

위치 : 논현동 안세병원 사거리 SK주유소 골목
영업 시간 : 오후 5시~새벽 2시, 일요일 휴무
문의 : 02-549-0490

비나모르

네이버 와인 카페 '비나모르' 초대 회장을 지닌 우서환 씨가 경영하는 와인바. 요란하지 않지만 아기자기하고 부담없는 인테리어와 독립적인 공간을 만들어주는 테이블 구조가 매우 편안하게 와인을 즐기게 해준다. 한쪽 벽면에는 와인에 관한 국내외 책들이 빼곡히 차있고 우서환 씨가 〈포브스〉지에 기고하는 와인 칼럼도 읽어볼 수 있다. 와인 마니아들 사이에서는 꽤 알려진 집으로 음식은 팔지 않고 치즈와 살라미, 크래커 정도만 와인과 함께 곁들일 수 있다. 이 집에서 가장 감동을 주는 것은 30년이 넘은 아날로그 오디오 시스템. 오너가 직접 코디네이팅한 오디오 진공관에서 울리는 아리아는 비가 보슬보슬 오는 날 들으면 눈물이 다 날 지경이다. 오너의 와인 이야기를 듣기 위해 혼자 가도, 여자를 꼬시기 위해 가도 좋은 곳. 홍대의 복잡한 지역이 아니라 더 좋다.

위치 : 홍대 산울림 소극장 근처 꽃집 골목 편의점 옆
영업 시간 : 오후 6시~새벽 2시
문의 : 02-324-5152

포도플라자 뱅가

거대한 와인 저장 창고를 연상케하는 뱅가는 '와인 전도사'로 알려진 이희상 동아 제분 회장이 사재를 털어 만든 7층짜리 건물 지하에 있다. 와인 칼럼니스트 김혁 등 4인이 경영하는 이 건물은 1, 2층엔 와인 숍 '와인 타임'이, 그 위층에는 소믈리에 전문 교육 기관 등이 있다. 오로지 와인을 위해 만든 건물인 만큼 분위기도 훌륭하고 겉멋보다 진정 속에서 우러나는 참멋이 느껴지는 곳이다. 와인과 곁들일 수 있는 훌륭한 음식들과 치즈, 기본 안주인 건빵과 빵이 푸짐해서 반가운 사람들과의 모임을 하기에 적합한 장소. 750여 가지의 와인들이 빼곡히 들어찬 와인 셀러를 보기만 해도 벅찬 감동이 밀려온다. 전문 교육을 받은 소믈리에를 적극 활용하여 환상의 와인을 만나보자.

위치 : 성수대교 남단 사거리 자생한방병원 골목
영업 시간 : 오후 6시~새벽 2시(매주 일요일 휴무)
문의 : 02-516-1671

How to select perfect cheese

와인 품종과 맛에 따라 어울리는 치즈의 종류가 있다. 함께 곁들이면 좋은 치즈들.

고르곤졸라, 스틸턴, 로크포르
블루 치즈라고 부르는 푸른 곰팡이 타입으로 염분이 강하고 자극성이 있어 풀 보디의 무겁고 드라이한 레드 와인이나 아주 달콤한 와인과도 어울린다.

고다, 체다, 에담
치즈를 압착해 보관성을 높인 치즈로 피노 느와, 시라 같은 가벼운 품종 와인과 잘 어울린다.

크림 치즈, 모짜렐라, 코타주
바로 먹는 프레시한 타입의 치즈로 신맛이 있다. 피노 느와나 시라 등의 과일맛이 나는 와인과 잘 어울린다.

브리, 쿨로미에, 카망베르
와인과 함께 가장 많이 먹는 이 치즈는 표면에 흰 곰팡이를 바른 것들로 냄새가 없어 먹기가 좋으며 샤블리 같은 화이트 와인의 산뜻한 맛과 잘 어울린다.

그뤼예르, 파마산
수분이 적고 숙성 기간도 긴 치즈로 감칠 맛이 높아진다. 깊은 맛과 산미가 있는 고급 와인과 더욱 잘 어울린다.

Tips for choose wine

와인 선물을 하기로 마음 먹었다면 일단 가격대를 고른다. 그리고는 찾아간 와인바에서 '얼마 정도 생각하니 선물용으로 추천해달라'고 하는 게 가장 실패하지 않고 와인을 고를 수 있다. 그래도 직접 고르고 싶다면 대다수의 사람들이 좋아하는 대중적인 포도 품종으로 고르는 게 좋다. 〈신의 물방울〉에 소개된 와인 중에 김치와 어울리는 와인으로 언급된 '그 라벨로(Gravello)'라는 와인이 있다. 나는 왜 이 와인이 김치와 어울린다고 했는지 작가의 혀에는 김치가 그라벨로처럼 다른 맛과 어울리지 못하는 강렬한 와인인지 자못 궁금하다. 이 와인은 매우 맛이 특이하고 강렬하여 그라벨로를 한번 맛보면 다른 와인에 대한 맛의 개성을 느낄 수 없다.

파티용이나 선물용 와인은 이런 와인을 고르면 실패다. 아주 대중적인 미각을 가진 와인 초보자에게 '로마네 생비방' 같은 고급 부르고뉴 와인을 선물하는 것도 피해야 한다. 와인 초보자에겐 이 진귀한 와인이 그저 '싱거운' 와인이 될 수 있기 때문이다. 그리고 빈티지 연도가 좀 된 와인은 오랫동안 잠들어 있었기 때문에 디켄팅을 해야 할 수도 있다. 파티용 와인은 이런 와인보다는 막 따서 즐길 수 있는 것이 좋다.

1 선물용이나 파티용 와인은 최근 빈티지를 골라라. 막 따서 마실 수 있게.
2 코르크가 병입구보다 올라온 와인은 피하라. 높은 온도에 노출된 증거다. 병보다 들어간 건 괜찮다.
3 진열장에 오래 서 있던 와인은 피하라, 코르크가 말라 생긴 틈으로 공기가 들어가 산화되었을 수 있다.
4 조명을 받고 있는 와인은 상했을 수 있다.
5 라벨과 캡슐을 살펴라. 와인이 흐른 자국이 있으면 안 된다.
6 라벨 반대쪽 수입 회사가 붙인 스티커를 봐라. 세심한 관리를 받고 있는지를 보자.
7 빈티지를 맹신하지 말라. 포도 풍작이 좋다고 그해 빈티지의 와인이 전부 좋은 건 아니다.
8 와인전문매장의 단골이 되라. 실속있고 정직한 정보를 얻을 수 있다.
9 일본이나 홍콩에 가면 평소에 접해보지 못한 고급 와인을 맛보자. 우리나라보다 훨씬 저렴한 가격에 와인을 즐길 수 있다. 미국이나 이탈리아, 프랑스, 스페인, 호주 등 대표적인 와인 산지는 말할 것도 없다.

일본술과 이자카야

싱글이어서 불편한 점은 다양하다. 그 중 가장 부담스러운 것은 혼자 음식을 먹을 때다. 요즘은 국내에도 1인 식당이 늘고 있고, 패스트푸드점에서 혼자서 햄버거를 먹는 정도는 괜찮지만, 가끔 한 잔 술이 생각날 때 포장마차에서 혼자 술잔을 기울이기는 웬만한 강심장이 아니고는 어렵다.

집에서 혼자 맥주나 와인 한잔을 마셔도 좋지만, 집과 술집과의 분위기는 천치차이인 관계로, 술집에서 마시는 술맛처럼 '달지'는 못하다. 이럴 때면, 다른 사람의 눈치 안보고 가볍게 한 잔 하고픈 술집이 그립다. 그런 포장마차가 있음 '대박' 날 텐데…. 이자카야는 우리식으로 설명하자면 일본 스타일의 포장마차 혹은 소주방인 셈이다. 수년 전만 해도 일본식 술집은 로바다야키가 대세를 이루었다. 세트 개념의 고급 요리를 파는 로바다야키는 가격이나 분위기가 조금은 부담스러운 것도 사실이다. 그러나 천 원대, 만 원대의 음식을 다양하게 시켜먹을 수 있는 이자카야가 우리나라에 들어오면서 로바다야키를 대체하게 되었다. 원래 이자카야는 주막처럼 집에서 담근 술과 가정식 술안주를 팔던 곳이리고 한다. 그 때문인지 세내로 된 이사카야에서는 그 집에서만 맛볼 수 있는 특색있는 안주를 먹어볼 수 있는 즐거움이 있다. 이자카야를

제대로 즐기려면 일단 술을 정하고, 다섯 가지 정도의 다양한 음식을 한꺼번에 시켜서 나오는 순서대로 술과 함께 조금씩 맛보아야 한다.

이자카야에서 마실 수 있는 술은 크게 사케와 일본 소주, 맥주, 과실주로 나뉜다. 그중 사케는 가장 고급스런 일본 술로 순쌀로 만든 '준마이'가 있다. 술 제조법에 따라서 다이긴조는 최상등급, 긴조와 만주는 상등급, 혼조조와 센주는 대중적인 중등급 사케로 나뉜다.

요즘 와인에 이어 빠져든 술은 니혼 소쥬라 부르는 일본 소주이다. 우리나라 청주와 소주가 다르듯 생긴 건 비슷해도 사케와 일본 소주는 분명 다른 술이다. 일본 소주는 지역, 제조 가문에 따라, 재료에 따라 다른 맛을 내는데 고구마, 쌀, 보리 소주 등 그 재료가 매우 다양하며 향이 꼬냑처럼 풍부한게 특징이다. 얼음에 희석해 마시는 '언더락' 스타일로 즐기는 것이 좋다. 과실주는 매실 등의 과일로 만든 일본 술을 말한다. 우리나라의 매취순이나 설중매와 거의 비슷한 맛이다.

요즘 이국적인 분위기와 싼 가격을 무기로 이자카야가 우후죽순 생겨났고 대학가나 번화가에서 프랜차이즈 이자카야를 쉽게 볼 수 있지만 음식 맛에서 실망스럽기 그지없다. 독특하고 빼어난 맛과 다양한 일본 술 리스트를 자랑하는 정말 괜찮은 나의 단골 이자카야를 추천한다.

문타로
이제까지 맛본 우리나라 꼬치 집 중 가장 맛있게 하는 집. 귀엽게 생긴 젊은 사장님은 한국에서 좋은 스승을 만나 꼬치를 배웠다고 하는데 일본 현지의 맛만큼 일품이다. 작고 단정한 문을 열고 들어가면 ㄷ자 형태의 바가 있고 안쪽에 몇 개의 테이블이 있는데 빈 자리를 찾기 어려울 정도로 손님이 많다.

문타로에서 가장 맛있는 것은 역시 꼬치. 메뉴판에 있는 각각의 꼬치를 5종 세트나 10종 세트로 주문하면 몇 가지는 간장 소스 뿌린 양배추 위에 얹어주고 몇 가지는 접시에 그냥 내는데 참숯에 구운 그 맛이 일품이다. 저마다 취향은 다르겠지만 나는 닭껍질 꼬치가 제일 맛있다. 일본 이자카야에서만 먹을 수 있는 닭 물렁뼈 튀김인 난코츠나 담백한 낫또, 굴튀김 등 다른 메뉴도 매우 만족스럽다. 지금은 청담동 분점 때문에 꼬치 맛이 덜해진 감이 있어 아쉽다.

영업 : 오후 5시~새벽 3시, 일요일 휴무
문의 : 796-7232

우시
여의도 백화점 뒷 건물 오륜빌딩 2층에 위치한 곳. 일본인이 직접 인테리어를 하고 메뉴를 구성하는 등 정통 이자카야를 선보이기 위해 고심한 흔적을 엿볼 수 있다. 이곳에 들어오면 단골들이 붙여 놓은 명함들과 카와구치 카이지, 우라사와 나오키 등 유명 일본 만화가의 그림을 곁들인 사인들이 이채롭다. 일본에서 직접 공수한 그릇에 서빙되는 음식 수준이 예사롭지 않다. 메로 미소 구이(1만5천원)나 화로에 서빙되는 오뎅탕(1만2천원)은 꼭 먹어봐야 하는 메뉴. 직접 개발한 간장 소스로 맛을 낸 일본 정통의 계란말이(4천원)는 놀라움을 선사할 것이다. 친절한 술 설명이 있는 메뉴판도 돋보인다. 10% 부가세가 붙는다.

영업 : 점심 오전 11시~오후 1시반 저녁 오후 5시~11시, 토요일은 저녁만 하며 일요일은 휴무
문의 : 783-2980

이츠모
한남대교 남단 순천향 대학병원 후문에 위치한 이츠모는 2층으로 된 작은 건물 전체를 일본식으로 지어 영업하고 있어 마치 진짜 일본에 온 것 같은 착각을 들게 한다. 1층에 주방이 있고 벽을 둘러싼 선반에는 단골 손님들이 키핑한 일본 술들로 가득해 눈길을 끈다. 대중적인 일본술 구보타 센쥬720㎖를 5만6천원에 판매하는 등 저렴한 가격이 만족감을 준다. 길이 10cm 이상의 커다란 새우를 바삭하게 튀겨주는 새우까스(1만5천원)나 도미 머리 구이(1만2천원), 시원한

국물이 일품인 나가사키 짬뽕(8천원), 아삭한 튀김옷 안에 가둬진 고소한 굴향이 느껴지는 굴튀김(8천원) 등을 추천한다. 시원한 삿포로 생맥주도 좋다. 추천 메뉴는 4~5일 간격으로 바뀐다.
영업 : 점심 오전 11시 반~오후 2시 저녁 오후 5시 반~새벽 2시, 일요일 휴무
문의 : 796-8743

아지겐
동부이촌동 한가람 아파트 근처, 파리크라상 옆 골목을 따라 안쪽으로 들어가면 건물 끝 2층에 아지겐이 있다. 쉽사리 찾아지지 않을 정도로 외진 곳에 있지만 자리가 없어 돌아갈 정도로 인기있는 곳이다. 일본인이 직접 운영해서 오리지널 이자카야다운 면모를 많이 볼 수 있다. 벽을 보고 앉을 수 있는 바 타입 테이블이나 사진으로 된 메뉴판이 그렇다. 간장 소스의 두부튀김인 아게다시도후(8천원), 닭날개 가라아게(8천5백원), 킨타로 조림(1만8천원) 등과 함께 아사히 생맥주를 곁들이면 그보다 더한 행복이 없다. 해초 무침과 락교가 기본 안주로 서비스된다.
영업 : 점심 오전 11시 반~3시 저녁 5시 반~10시, 일요일은 9시 반에 끝나며 화요일은 휴무
문의 : 790-8177

츠쿠시
숙대 입구역과 삼각지역 사이에는 양・곱창, 대구탕, 차돌박이, 회정식 등으로 유명한 집들이 즐비하다. 그 중 가장 인기있는 곳 중 하나인 츠쿠시는 해태 제과 근처에 있는 곳으로 떠들썩하고 복잡한 분위기로 정통 이자카야를 느낄 수 있는 곳이다. 오늘의 추천 메뉴나 키핑 술에 한글로 글씨를 써서 괜한 폼은 생략한 것이 오히려 정감있다. 둘이서 먹어도 배부른 수퍼 짬뽕(1만5천원)과 열빙어초절임(9천원), 초고등어회(1만3천원) 등이 인기 메뉴이며 보리나 쌀, 고구마 등을 재료로 한 다양한 일본술 리스트는 일본인들도 만족시킨다. 다다미에 앉아 푸짐하게 안주를 시켜 츠쿠시를 제대로 즐겨보자.
영업 : 점심 오전 11시 반~오후 2시 저녁 5시반~11시, 토・일・공휴일은 오후 5시~10시, 매주 넷째 일요일 휴무
문의 : 755-1213

쇠고기의 참맛

일에 지쳐 기운이 없고 피곤할 때 맛있는 한 점의 고기 요리는 단잠처럼 달콤하고 황홀하다. 닭고기와 돼지고기는 가격이나 품질의 편차가 그다지 심하지 않은 반면 쇠고기는 마치 와인처럼 부위, 종류, 생산지나 생산자, 숙성 기간 등의 여러 가지 요인에 의해 맛이 좌우되는, 매우 민감한 식재료이다.

쇠고기의 참 맛을 알게 된 것은 대학 시절, 어른들의 식사에 끼어 강남의 유명한 고깃집 '무등산'에 갔을 때였다. 동행한 어른이 단골인 탓에 쉽게 먹을 수 없다는 귀한 부위인 육 사시미(생 쇠고기) 몇 점과 최고급 꽃등심을 맛보게 되었다. 입안에 가득

퍼지는 고소한 향과 풍부한 육즙, 씹을수록 생기는 감칠맛은 처음 발견한 신세계였다. 쫄깃한 육질과 지방의 고소함이 느껴지는 삼겹살과는 차원이 다른 맛이었다.

사실, 쇠고기는 알려진 것보다 훨씬 몸에 이로운 식재료이다. 소는 사람의 체격과 비슷하기에 예로부터 소의 피는 사람의 피를, 소의 머리는 사람의 머리를, 소의 몸은 사람의 몸을 보완한다고 여겼다. 그래서 허리가 아프면 소의 허리뼈를, 다리가 아프면 소의 다리를 삶아서 먹었다. 한의학에 따르면 쇠고기는 입맛을 돋우고 소화를 촉진하며 기혈을 보강하고 뼈의 힘을 강하게 한다고 한다. 특히 손발이 저리고 감각이 둔

할 때 최고의 보약이라고 했다. 필수 아미노산과 올레인산 등의 이로운 지방산과 A, B1, B2 등의 비타민, 칼슘, 유황, 인, 철 등의 광물질을 많이 함유하고 있다. '우황'이라 불리는 소 담석은 간질, 뇌염, 정신 분열증 등 시각을 다투는 질환에 사용되고 소의 꼬리는 중추 신경과 말초 신경의 순환을 촉진하고 불면증에 특효가 있으며 특히 귀가 잘 들리지 않을 때 매우 좋다고 한다.

우리나라 고유 식용 소 품종인 한우는 우리식의 고기 요리법인 로스구이에서 그 저력을 실감할 수 있다. 지방이 균일하게 분포되어 있고 근육이 발달하지 않아 입에 넣으면 감칠맛이 나면서 스르륵 녹는 질감은 한우에서만 느낄 수 있는 맛이다. 한우로 유명한 산지는 여럿 있어서 강원도 횡성, 경북 경주와 안동, 경기도 안성 등이 가장 유명하다.

횡성은 국내 최대의 상등급 이상의 한우 생산지로, 현대 성우 리조트와 보광 휘닉스 파크와 가까워 스키 리조트 근처에 횡성 한우를 파는 맛있는 고깃집들이 다수 포진해있다.

우리들이 먹는 쇠고기는 한우 암소와 한우 거세우, 한우 수소, 육우와 젖소 그리고 수입소로 크게 여섯 종류로 나뉠 수 있다. 사람도 여자가 체지방 비율이 높은 것처럼 소도 암소가 지방을 수소에 비해 많이 함유하고 있어 부드럽고 고소한 맛을 낸다. 거세우는 어린 수소의 성기를 제거해 수소 호르몬을 억제, 암소의 맛을 내게 한다. 수소는 근육량이 많아 질긴 편. 육우는 젖소 품종의 수소로 식용으로 키우는 소이다. 흔히 '비육우'라고 하는 소는 어려서 방목을 시켜 면역성을 기른 후 살을 찌워 먹기 위해 키우는 소이다. 고깃집에서 '국내산 고기만을 고집합니다'라는 문구를 자주 볼 수 있는데 이는 한우라는 언급이 없으므로 보통 육우를 판매하는 곳이라고 보면 된다. 고급 고깃집에서 다루는 고기는 최상등급의 한우 거세우가 대부분이다.

그렇다면 그 유명한 한우 암소 최상등급을 먹기 위해서는 어디로 가야 할까. 바로 현대 성우 리조트 근처의 '우가'에 가면 먹을 수 있다. 이곳은 매일 정오부터 저녁 7시 30분까지 영업을 하며 한우 암소 최상등급만을 판매하기 때문에 그 양이 매우 적어 영업시간 전에 고기가 다 떨어지면 판매를 멈추고 문을 닫는다. 심지어 예약 여하에 따라 도축 후 고기의 냉장 숙성 기간을 정해서 먹을 수 있는 신기한 곳이다.

"쇠고기는 도축 후 24시간이 지나면 출하되고 각지의 도매 시장으로 나가죠. 근육의 사후강직은 보통 3일 후에 풀리게 되어 그때쯤 부위별 해체 작업을 합니다. 시중에서는 사후 숙성 5~7일된 고기를 먹을 수 있는데 우가에서는 손님의 예약 여하에 따라 숙성 보름된 고기를 판매하기도 합니다. 숙성이 잘 되면 고기의 감칠맛과 단맛이 놀라울 정도로 좋아져요." 우가의 허세병 사장의 설명이다.

고기를 연구하는 육학자의 말에 따르면 가장 고기맛이 좋은 숙성기간은 7~14일 정도라고 하는데 유럽에서는 100일 숙성된 고기를 먹기도 한다. 숙성될수록 선도는 떨어지니 단백질 냄새가 심하게 나고 고기의 색깔은 검어진다. 그러나 그만큼 고기의 육질은 연해진다. 마치 와인의 특성과도 일맥상통한다. 와인도 생산자에 따라, 포도를 기르는 흙과 기후에 따라, 숙성 기간에 따라 같은 종자라도 매우 다른 맛을 내지 않던가.

흔히들 음식 궁합이 중요하다고 한다. 쇠고기 역시 마찬가지. 돼지는 차서 열을 내는 파, 부추, 고추, 양파와 잘 어울리지만 쇠고기는 '양'의 음식이다. 따라서 찬 음식인 배, 무, 오이, 찬물, 찬술을 곁들이면 맛이 훨씬 좋아지고 소화에도 이롭다. 무와 함께 적당량을 곁들이면 성인병을 예방한다고 한다. 그래서 '쇠고기무국'도 있고 육회는 반드시 배에 무치는 듯하다.

쇠고기를 맛있게 먹으려면 질 좋은 소금을 찍어먹지 말고 고루 뿌려 먹는다. 소금이 뭉쳐 혀에 닿으면 미각을 둔화시키기 때문이다. 최고등급의 고기들은 지방이 많이 함유되어 있으므로 진한 맛이 난다. 때문에 중간 중간 초절임 채소나 초간장 소스에

파나 양파를 먹어 입안을 개운하게 하면 더욱 깊은 맛을 즐길 수 있다. 반주로 곁들이는 술 역시 신맛으로 입안을 씻어줄 수 있는 오미자주나 매실주 등이 좋다. 고기를 부위별로 먹을 때는 초밥이 그렇듯 담백한 맛에서 진한 맛 순서로 먹는 게 좋다. 육사시미와 아롱사태, 채끝에서 시작해서 제비추리, 치마, 토시, 꽃등심, 갈비, 안창살, 살치살, 마지막으로 차돌박이로 끝내면 고기 맛을 제대로 즐길 수 있다.

과메기는 11월, 영덕대게 암컷은 2월이 제철이듯 쇠고기는 가을을 보내고 한껏 살이 토실토실 오른 겨울이 제철이라고 한다.

구이용으로 맛 좋은 쇠고기 5형제

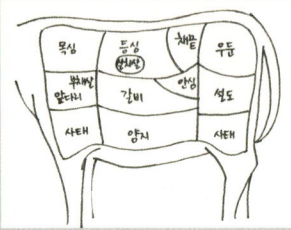

살치살
쇠고기 계의 '오도로'라 불리는 고급 부위로 선홍색 살코기에 지방이 빗살무늬처럼 고루 퍼져 열에 닿으면 지방이 살에 고르게 퍼져 육질이 매우 부드럽고 고소해 풍미가 좋다. 등심 위쪽과 목아래 부채뼈 속에 있는 등심 1번부터 4번까지의 살로 1마리에 1kg이 채 나오지 않는다. 센불에서 겉에만 살짝 구워 덜익은 상태로 먹는다.
음식을 먹을 때 의외의 상상력은 재미를 더한다. 워낙 고급 부위라 구워먹는 데만 쓰는 살치살이지만 이 부위를 튀김으로 하거나 부추와 팽이버섯을 돌돌 말아 샤브샤브를 해 먹어도 맛이 그만이다. 정말 둘이 먹다 하나 죽어도 모를 순간이다.

등심
소의 등부분에 있는 큰 덩어리의 살로 갈비뼈 바깥쪽에 있는 부위. 등심을 통째 덩어리로 자르면 동그란 부분과 삼각형 부분, 떡심을 포함한 길쭉한 부분 세 가지로 나뉜다. 특등 한우의 동그란 부분과 삼각형 부분을 썰어 나오는 게 꽃등심. 불고기나 스테이크 등의 용도로 쓴다. 목쪽에 가까운 등심을 갈비뼈와 함께 자른 것이 토니 로마스의 '랍'이다.

흔히 꽃등심이 마치 등심의 최고 부위라고 알려져있지만 사실 고기를 좋아하는 사람들은 떡심을 포함한 길쭉한 부분을 좋아한다. 쫄깃하게 하는 콜라겐 성분이 많아 살짝 구워도 바짝 구워도 나름의 맛이 있기 때문이다.

안심
갈비뼈 안쪽에 위치한 큰 덩어리를 통칭해 안심이라 부른다. 질 좋은 안심은 지방이 거의 없어 콜레스테롤이 없고 맛이 매우 담백하다. 기름기가 적어 술안주보다는 어린이 영양 간식으로 많이 쓰인다.

부채살
젤라틴이 부채처럼 펼쳐져 있는 부위. 앞다리 부위로 편육이나 장조림을 해도 맛있다. 고급 부채살은 무엇보다 그냥 구워먹는 것이 최고.

채끝
별로 운동을 하지 않은 배의 최장근으로 지방이 적고 근육도 발달하지 않아 육질이 부드럽다. 긴 타원 형태로 되어 있고 최상급은 대리석처럼 지방이 박혀있다. 담백한 맛이 특징.

# 브런치를 즐겨라

싱글들의 주말 오전 표정은 어떨까? 피곤한 주중을 보내고, 자신만의 시간을 보낼 수 있는 주말에는 느긋하게 늦잠을 자고 일어나 아침 겸 점심으로 식사를 한다. 그 후에는 외출을 하거나 집에서 '시체놀이'를 하면서 각자 스타일대로 주말 시간을 즐길 것이다.

느즈막히 일어났을 때, 향긋한 커피 한 잔과 따뜻하게 구워진 토스트, 신선한 샐러드 약간을 준비해 트레이에 담으면, 이것이 브런치다.

언젠가부터 '브런치'는 브랙퍼스트(Breakfast)와 런치(Lunch)의 중간인 '아점'이라는 순수한 단어의 뜻으로 통용되지 않고, 주말에 늦잠자고 일어나 고급 레스토랑에서 '샐러드와 와플, 토스트와 계란 등을 매우 비싼 값을 치르고 먹는 행동'을 일컫는 말이 되어 버렸다.

사실 외식이야 원자재뿐 아니라 서비스, 공간, 레스토랑의 분위기 등 여러 요소에 치르는 값이 음식 가격이다. 그러나 우리나라에서는 아직 제대로 된 유럽, 미국식 브런치가 저녁 메인 디시 가격에 터무니없이 비싸게 팔리고 있는 것이 사실이다.

스타일리시한 라이프를 즐기기 위해 상대적 가치를 꼼꼼히 따져본다면 요즘 유행하는 브런치는 집에서도 훌륭하게 해먹을 수 있는 간편하고 쉬운 메뉴들뿐이다. 타샤 튜더의 손수 만든 정원이 연상되는 잔잔한 꽃무늬나 빨간 깅엄 체크의 식탁 매트를 깔고 하얀 식기에 손수 만든 요리를 내어보자. 그럴 듯한 단어를 조합한 메뉴도 예쁜 엽서에 써서 메모 클립에 껴서 테이블에 세워 놓는다. 이를 테면 단순한 오므라이스도 '신선한 목초를 먹고 자란 닭의 방사유정란을 부드럽게 조리해 유기농 양파와 뉴질랜드산 모짜렐라 치즈를 곁들인 오므라이스'로 표기하면 매우 럭셔리해 보인다. 테이블 냅킨도 준비하고 한 송이 들꽃을 미니 주스 유리병에 꽂아놓는다면 청담동 브런치 레스토랑이 부럽지 않을 듯!

모든 음식은 내가 평소 해먹는 브런치 메뉴로, 배불리 먹을 수 있는 2인분을 기본으로 한다. 두세 가지 음식을 해놓고 친구들과 함께 나눠먹으면 더욱 맛있다.

고소한 베이컨과 모짜렐라 치즈가 부드러운 오믈렛

달걀은 어느 집에나 냉장고 한 자리를 차지 하고 있는 흔한 식재료로, 알려져 있다시피 완전 식품으로 영양 보충에 그만이다. 냉동실에 오래 보관할 수 있는 모짜렐라 치즈와 베이컨(혹은 소시지)만 있으면 쓰다 남은 채소와 함께 훌륭한 브런치 한 접시를 만들 수 있다. 오믈렛을 예쁘게 만들기 위해서는 두툼하고 묵직한 코팅 팬을 쓰는 것이 좋다. 내용물을 오래 익히면서도 겉이 타는 것을 방지하기 위해서이다.

재료 달걀 3개, 올리브유 적당량, 소금 약간, 모짜렐라 치즈50g, 베이컨 3줄 혹은 소시지 2개, 버터 1/2T, 토마토 케첩, 타바스코 적당량, 버섯, 피망, 양파 등 남은 채소

만들기
❶ 달걀은 볼에 담아 고루 젓고 소금간을 살짝 한다.
❷ 베이컨은 손가락 크기 정도로 자르고 소시지는 칼집을 낸다.
❸ 불을 켜고 팬에 올리브유와 버터를 두르면서 푼 달걀을 붓는다.
❹ 달걀의 절반에 채소 다진 것과 모짜렐라 치즈를 뿌린다.(남은 채소가 없다면 치즈만 뿌려도 무방하다)
❺ 약한 불에 익히면서 달걀 익는 것을 반으로 접어 내부에서 채소가 잘 익도록 뒤집는다.
❻ 후라이팬의 반쪽에는 베이컨 또는 소시지를 굽는다.
❼ 접시에 오믈렛과 베이컨을 담고 케첩과 타바스코를 곁들여 낸다.
❽ 느끼할 수 있으므로 오렌지 주스와 함께 낸다.

달콤한 바나나를 곁들인 버터향이 좋은 팬케이크

우리가 아는 브런치 레스토랑의 팬케이크 대부분이 시판용 가루를 쓴다. 때문에 그럴듯한 팬케이크 만드는 일도 그리 어려운 일은 아닐 듯. 오믈렛과 마찬가지로 두툼하고 묵직한 팬에 구워야 타지 않고 노릇노릇한 팬케이크 만들 수 있다. 남대문에서 와플 기계를 구입한다면 같은 반죽으로 와플도 만들 수 있다.

외식도 많고 정기적으로 장을 보지 않아 신선한 우유를 갑작스럽게 구하기 어렵다면 멸균 우유를 몇 팩씩 사놓는 건 어떨까. 멸균 우유는 1달간 상기 보관이 가능해서 사두면 가끔씩 유용하게 쓸 수 있다.

재료 시판용 팬케이크 가루 100g(종이컵으로 가득 한 컵), 우유 50ml, 달걀 반 개, 메이플 시럽 또는 꿀, 바나나, 버터 1T, 올리브유, 슈거 파우더 약간

만들기
1. 달걀 푼 것을 우유와 섞고 팬케익 가루를 조금씩 넣으며 저어 반죽을 만든다. (나머지 달걀 반은 어떻게 할까 고민하지 말고 오믈렛 재료에 섞거나 스크램블 에그를 해서 베이컨과 먹으면 된다.)
2. 팬을 약한 불에 달군 뒤 올리브유를 묻힌 키친타월로 팬을 닦아 기름을 살짝 두른다.
3. 한 국자씩 반죽을 떠서 손바닥 크기로 팬케익을 굽는다. 금방 타므로 반죽에 기포가 생기자마자 재빨리 뒤집는다.
4. 나머지 반쪽이 익으면 접시에 담고 버터를 팬케익 위에 올린다.
5. 메이플 시럽을 뿌리고 바나나를 어슷 썰어 주변을 장식한다. 바나나가 없다면 키위, 백도도 좋다.(집에서 담근 포도 주스나 산딸기 주스가 있다면 그 과육 건더기를 뿌려 함께 먹으면 향도 좋고 데코레이션 효과도 있다. 바닐라 아이스크림을 곁들여도 매우 잘 어울린다.)
6. 팬케익은 우유나 달콤하고 상큼한 포도 주스가 잘 어울린다.
7. 단 걸 좋아하면 슈거 파우더를 체에 곱게 쳐서 장식한다.

새콤한 레드와인 드레싱을 곁들인 샐러드

언젠가부터 환경을 걱정하고 건강을 챙기게 되었다. 그 때부터는 길거리 음식도 가급적 먹지 않고 조미료나 방부제는 최소한으로 섭취하려고 인스턴트 음식도 거의 먹지 않는다. 자장면이나 피자 등 대표적 외식 메뉴 또한 직접 해먹고 흔히 사먹게 되는 샐러드 드레싱 또한 직접 만들어 먹는다. 직접 만드는 샐러드 드레싱은 굉장히 프레시해서 풍미를 더하고 입맛을 좋게 한다. 대신 저장 기간이 짧으므로 2~3회 먹을 분량을 만들어 먹는 것이 좋다.

레드와인 드레싱은 한식 메뉴에 김치 같은 느낌이다. 새콤해서 군침 돌게 하고 입안을 헹구듯 개운하게 하기 때문에 특히 한국인 입맛에 잘 맞는다. 시중 수퍼에 파는 2~3천원짜리 레드와인 비니거면 충분하므로 비싼 발사믹 비니거와 혼동하지 않도록 한다.

레드와인 드레싱 레드와인 비니거 2T, 양파 1/4개, 홍고추 1개, 설탕 1/2T, 레몬즙 1T, 다진 바질 1/2T, 다진 파슬리잎 1/3T, 올리브오일 3T, 소금 1/2t, 후춧가루 약간

재료 채소(로메인 레터스, 상추, 깻잎, 치커리, 적채 등 냉장고에 있는 것을 활용해도 좋다)100g, 파프리카, 호두, 해바라기 씨, 베이컨

만들기
① 양파는 다지고 홍고추는 반으로 갈라 씨를 제거하고 잘게 자른다. 홍고추 대신 시중에 파는 베트남이나 태국 고추 병조림을 이용한다면 작은 고추 4~5개를 잘게 자른다.
② 모든 드레싱 재료를 섞어 한 켠에 둔다.
③ 채소는 씻어 먹기 좋은 형태로 자른다. 샐러드 볼에 적당히 담고 호두나 해바라기 씨 등 견과류가 있다면 칼로 다져 1/2T정도 위에 살짝 뿌린다.
④ 베이컨을 팬에 바싹 구워 잘게 썰어놓아 보관하다가 1T 정도 샐러드에 뿌려도 좋다.
⑤ 만들어 놓은 드레싱의 반을 뿌리고 남은 드레싱은 냉장고에 보관한다.

시저 샐러드 크리미하고 고소한 맛이 일품인 시저 샐러드는 남녀노소 누구에게나 사랑받는 무난한 메뉴이다. 채소와 곁들이는 빵 구운 것을 크루통이라고 하는데, 식빵을 먹고 남은 부분을 활용해 크루통을 만들면 사먹는 크루통에 비해 더욱 건강한 식단이 된다.

시저 드레싱 달걀 노른자 반숙 1개, 마요네즈 2T, 앤초비 2마리(멸치액젓도 가능), 마늘 1톨, 레몬즙 1T, 레드와인 비니거 1T, 올리브오일 1/4C, 설탕 2/3T, 소금 1/2t, 우스터 소스 1/2t, 후춧가루 약간, 크루통 식빵 안 먹는 양쪽 부분 2장, 올리브오일 1T, 다진 마늘 2t, 파마산 치즈가루 1/2T, 다진 파슬리 잎 1/2t

재료 로메인 레터스 100g, 파르지미아노 10g

만들기
① 시저 드레싱은 분량의 재료를 믹서기에 넣고 곱게 간다.
② 식빵을 2cm 크기로 깍뚝 썰기해 볼에 담고, 크루통 재료를 섞어 식빵과 함께 버무린다. 200℃로 예열된 오븐에서 3분 정도 구운 후 노릇노릇해지면 뒤집어서 3분 정도 더 굽는다.
③ 로메인 레터스는 흐르는 물에 씻어 먹기 좋은 크기로 잘라 물기를 제거한다.
④ 드레싱에 로메인 레터스를 버무려 접시에 담고 크루통을 뿌린다. 파르미지아노(파마산) 치즈는 칼로 넓고 얇게 살라 샐러드 위를 상식한다.
⑤ 시저 드레싱과 크루통 남은 것은 냉장 보관해 두어 번 더 사용한다.

Home Party

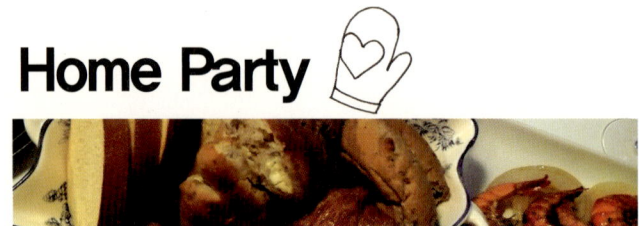

싱글들은 모임이 많다. 밖에서도 자주 만나지만 집으로 초대하거나 남의 집에 가서 함께 즐기기도 한다. 누군가를 초대하거나 누군가의 집에 초대 받는다는 것은 그만큼 친밀하다는 의미일 것이다. 자신의 공간을 보여주어도 부담스럽지 않다는 뜻이니까.

어디서 만나서 무엇을 먹어야 할지 선택하기 어렵다면 오랜만에 자신의 집을 '만남의 광장'으로 해보자. 2차 갈 궁리하지 않아도 되니 좋고 친구들에게 내 손으로 무언가를 해준다는 것도 좋다. 조명도 음악도 원하는 대로 연출할 수 있으니 그것 또한 장점이다. 장을 보고 밑 준비만 미리 해둔다면 만드는 것은 그리 어렵지 않다. 갑자기 찾아온 손님을 위해 뭘 내놓을 것인가.

요리가 재미있어지는 사전 필수 준비

1 내가 좋아하는 메뉴로 구성된, 만들기 쉽게 설명해 놓은 요리책을 골라 구입해둔다.

2 200ml 계량 컵과 큰 술(T), 작은 술(t) 계량 스푼은 요리책을 더 쉽게 만든다.

3 맛을 돋우는 조미료-간장, 참치액, 맛술, 쯔유, 방배동 최선생의 국, 탕용 간장, 옥수동 선생의 향신즙과 향신장, 고춧가루, 깨소금, 참기름, 급하게 육수를 만들기 위한 치킨과 비프 스톡-이 있으면 요리가 쉬워진다.

4 오레가노, 바질, 파슬리, 타임, 베이, 후추, 이탈리안 시즈닝 등의 허브를 틈틈이 모은다.

5 파는 다듬어 일정 크기로 잘라 통에 넣어둔다.

6 밀가루, 전분가루는 쓰기 좋게 각각 통에 구분해 넣어둔다.

7 마늘과 생강 다진 것을 나누어 포장해 얼려두었다가 조금씩 꺼내 통에 넣어두고 쓴다.

8 조개나 홍합은 종류별로 구입해 해감하고 깨끗이 씻어 지퍼백에 넣고 얼려둔다.

9 새우, 오징어를 쓰기 좋게 손질해 지퍼백에 넣고 얼려둔다.

10 양파나 당근, 오이, 호박, 감자 등 채소를 쓰다 남으면 아무렇게나 비닐에 넣어두지 말고 투명하고 큰 통에 담아 필요할 때마다 꺼내 잘라 쓴다.

11 양송이나 새송이 버섯, 청양고추, 풋고추, 무는 항시 구비해두고 표고버섯은 말린 것을 구입하면 오래 쓸 수 있다.

12 옥수수, 토마토, 골뱅이, 참치, 닭가슴살 통조림은 찬장에 비상시를 대비해 항시 구비해둔다.

13 시즌과 컨셉에 맞는 음악을 골라 튼다.

버팔로 윙 패밀리 레스토랑의 인기있는 애피타이저 메뉴. 매콤하고 알싸한 소스의 맛과 쫄깃한 닭날개의 육질과 어우러져 맥주와 환상의 궁합을 만든다. 어렵게 보이지만 닭고기에 간만 해두면 금새 만들 수 있다.

재료 북채 500g, 날개 500g, 소금 2/3t, 후추2/3t, 이탈리안 시즈닝 1t, 전분가루, 밀가루, 식용유, 버터 3T, 핫소스 2T, 타바스코 2T, 설탕 2T

만들기
① 수퍼에서 파는 북채 1팩(500g), 날개(500g)을 구입한다. 북채는 날개 바로 윗부분 꼬마 닭다리처럼 생긴 부위다.
② 소금과 후추를 2/3씩 뿌리고 버무려 간이 베게 하고 이탈리안 시즈닝 가루를 적당량 뿌려 잡내를 제거한다. 싱겁게 먹는다면 소금은 1/2만 뿌린다.
③ 전분과 밀가루를 2 : 1 분량으로 섞어 닭고기에 고루 묻힌 뒤 남은 가루는 턴다. 감자보다는 옥수수 전분이 더 좋다.
④ 180℃ 기름에 10~15분 정도 노릇노릇해질 때까지 튀긴다.
⑤ 튀기는 동안 버터 3T, 핫소스 2T, 타바스코 2T, 설탕 2T를 섞어 버팔로 소스를 만든다. 핫소스가 없다면 타바스코 소스로 대신해도 문제 없다.
⑥ 튀긴 닭고기를 소스에 살짝 버무려 그릇에 낸다.
⑦ 분량의 닭이 많으므로 남는 것은 2번의 간만 해서 냉동실에 얼려두었다가 필요할 때 녹여 요리한다.

벨기에식 홍합 요리와 감자튀김 날씨가 추워지면 흔히들 따끈한 국물을 찾는다. 포장마차에서 주는 홍합탕 대신 벨기에식 홍합 요리와 감자튀김을 내는 것은 어떨까. 시원한 국물 맛이 한국인 입맛에 그만이고 감자튀김은 술자리 주전부리로 제격이다. 홍합은 추워지기 시작하는 초겨울부터 봄까지 가장 통통하게 살이 오른다. 여름철의 홍합은 위험하니 피할 것.

재료 홍합 300g, 양파 20g, 마늘 1톨, 파슬리 3줄기, 샐러리 1개, 홍고추 2개, 화이트와인 1/4컵, 버터 10g, 올리브유 1t, 소금, 후추 약간, 냉동감자 200g, 케첩 2T, 타바스코 1t

만들기
① 홍합은 껍질을 바락바락 문질러 씻고 수염을 제거한다. 백화점이나 대형마트에서는 수염을 떼고 판매해서 편리하다.
② 냄비에 올리브유를 넣고 버터를 녹여 잘게 썬 마늘과 홍고추를 살짝 볶는다.

❸ ❷에 화이트 와인과 물 1컵, 파슬리를 넣고 3분간 끓이다가 홍합을 넣고 잘게 썬 양파와 샐러리를 맨 위에 뿌린다. 소금과 후추를 뿌려 간한 후 뚜껑을 덮어 7분 정도 삶는다. 화이트 와인은 비린 맛을 제거하기 위해 넣는 것으로 없으면 맛술로 대신한다.
❹ 거품이 올라와 넘치면 뚜껑을 열고 그대로 낸다.
❺ 맥도널드 감자처럼 얇은 냉동 감자를 200℃에서 약 3~5분 튀겨 노릇노릇해지면 그릇에 냅킨을 깔고 감자를 담는다. 소금과 후추를 살짝 뿌리고 케첩과 타바스코 소스를 작은 그릇에 섞어 담아 낸다.

계란 찜

가정식 백반이나 김치찌개 집에 가면 금방 요리한 계란 찜과 따끈하게 막 퍼 담은 흰 쌀밥, 양념없이 구운 김이 오히려 더욱 맛있을 때가 있다. 계란 찜에 국물을 살짝 더하면 탕과 찜의 중간 형태가 되어 술안주에 좋다. 부침개나 생선 구이와 함께 내면 청주나 탁주, 소주 등과 잘 어울린다.

재료 물 1컵(200cc), 새우젓 1t, 참치액 1t, 달걀 3개, 채썬 파, 깨소금, 고춧가루, 김가루 약간, 날치알 1T, 오징어 30g, 작은 새우 3~5마리

만들기
❶ 두툼한 바닥의 뚝배기에 불과 새우젓, 참치액을 넣고 날치알과 오징어, 새우 등을 넣는다. 해산물은 없어도 무방하다.
❷ 뚝배기의 물이 끓으면 계란 푼 것을 둥글게 원을 그리며 살살 따른다.
❸ 바로 불을 끄고 파와 깨소금, 고춧가루, 김가루를 뿌리고 뚜껑을 덮어 5분간 뜸을 들인다. 파는 좋아하면 양을 많이 해도 좋다.
❹ 달걀이 익어 부풀어올라 먹음직한 상태가 된다. 숟갈로 국물과 함께 떠 먹는다.

닭도리탕

닭도리탕처럼 폼나는 메뉴 한 가지만 있으면 4~6명 모임의 술안주는 쉽게 해결된다. 얼큰한 국물은 따끈한 흰 쌀밥과도 매우 잘 어울린다. 닭고기를 고추와 마늘로 먼저 볶는 것은 닭 특유의 잡냄새를 없애주기 위함이며 당근이나 버섯은 없어도 그만이다. 떡이 있다면 떡을 곁들여도 좋고 건더기를 다 먹은 후엔 라면 사리를 따로 삶아서 국물에 버무려 먹어도 좋다. 닭고기만 있다면 집에 늘 있는 마늘이나 고추장 등의 기본 재료로 만들 수 있는 쉬운 요리이다.

재료 식용유 1T, 닭다리 1000g, 마늘 3쪽, 붉은 고추 1개(없으면 청양고추 1개), 감자 4개, 당근 1/2개, 표고버섯 3개, 파 한 뿌리, 고추가루 2T, 고추장 3T, 참기름 1T, 깨소금 2T

소스 간장 8T, 다진 마늘 2T, 다진 생강 2t, 다진 파 2T, 후추 약간

만들기
① 중국식 움푹한 바닥 팬에 식용유 1T를 두르고 마늘 3쪽과 붉은 고추 슬라이스한 것을 닭다리와 함께 볶는다.
② 소스 내용물을 섞어 놓는다. 진간장 대신 시중에 판매하는 방배동 최선생 찜 간장이나 옥수동 선생 향신장을 사용하면 감칠맛이 더해진다.
③ 당근과 표고 버섯을 먹기 좋게 잘라 놓는다.
④ 큰 냄비에 볶은 닭고기와 소스, 물 400cc, 감자, 당근, 표고를 모두 넣고 15분 센불에서 끓인다.
⑤ 고춧가루 2T와 고추장 3T에 물 200cc를 섞어 붓고 10분 더 끓인다.
⑥ 대파 잘게 썬 것과 참기름 1T, 깨소금 2T를 위에 뿌리면 완성이다.

김치말이국수   압구정동 떼부짱이나 삼청동 눈나무집에 가면 늘 먹는 메뉴가 김치말이 국수이다. 새콤달콤하고 시원한 국물맛이 일품인 김치말이 국수는 맛있는 김치 국물만 있으면 집에서도 얼마든지 할 수 있는 메뉴이다. 요즘은 주 5일제로 주말 나들이를 가는 경우가 많은데 친구들과 펜션에 놀러가서 바비큐를 한다면 식사로 김치말이 국수를 만들어보자. 색다른 별미일 것이다.

재료 김치 2줄기, 김치 국물 1컵, 멸치 육수 2컵, 설탕 1T, 소금 1/2T, 식초 1/2T, 소면 2인분
김치양념 참기름, 깨소금, 설탕 각 1씩, 다진 마늘 1T, 다진 파 1T
고명 삶은 계란, 김 부신 가루, 오이

만들기
① 멸치와 다시마를 끓여 식힌 멸치 육수 2컵과 김치 국물 1컵, 설탕 1T, 소금 1/2T, 식초 1/2T를 섞어 살짝 얼도록 냉동실에 2시간 넣어둔다. 김치가 시었다면 식초는 넣지 않아도 좋다.
② 김치를 먹기 좋게 채 썰어 김치 양념을 넣고 버무린다.
③ 소면은 끓는 물에 삶아 익으면 채에 받혀 찬물에 헹궈 둔다. 삶을 때 물이 끓어오르는 순간 찬물 1컵을 부어 다시 끓이면 소면이 더욱 쫄깃하다.
④ 소면을 냉면 그릇에 담고 살짝 언 국물과 양념 김치, 고명을 얹어 먹는다. 물론 고명이 없어도 무방하지만 김 가루를 뿌리는 게 더욱 맛있어 보인다.

**두부를 곁들인
제육 김치 볶음**

삼겹살은 푸짐하고 맛이 좋아 많은 사람들에게 사랑받는 식재료이다. 시중에 판매하는 손두부와 신김치만 있으면 손쉽게 맛집 수준의 제육 볶음을 만들 수 있다. 매콤하고 맛이 깊어 맥주나 소주, 타닌이 강한 묵직한 레드 와인 등 어떤 술에도 모두 잘 어울린다. 돼지고기만 따로 양념해 얼려두었다가 손님이 오면 해동시켜 김치와 볶아 두부 삶은 것과 함께 내면 편하다.

재료 돼지고기 오겹살 1근, 마늘 2톨, 생강 1t, 맛술 1T, 김장 김치 1/2 포기, 시판용 손두부 1모

양념 소스 고추장 2T, 고춧가루 2T, 참치액 1t, 다진 마늘 1T, 다진 생강 1t, 맛술 2T, 설탕 1T, , 올리고당 1T, 다진 파 1T

만들기
1. 돼지고기는 껍질과 오돌뼈가 있는 오겹살로 준비해 먹기 좋게 5~6등분 한다.
2. 돼지고기와 맛술 1T, 마늘 2톨, 생강 1t을 잘게 썬 것을 그릇에 섞어 담아 전자 렌지에 2분 정도 가열하여 살짝 익혀 기름기를 뺀다.
3. 양념 소스는 한데 섞고 ❷의 돼지고기와 버무려 30분 이상 고기에 소스맛이 배게 한다.
4. 김치를 보통 먹는 크기로 썰어 양념에 버무린 돼지고기와 함께 중불에 볶는다. 미리 고기를 익혔기 때문에 타지 않게 익힐 수 있다. 김치는 김장 김치가 깊은 맛을 내는 데 제격이다.
5. 시판용 손두부를 끓는물에 30초~1분 삶은 후 체에 밭쳐 물기를 빼고 썰어 김치 제육볶음과 한 접시에 담는다.
6. 싱싱한 상추나 깻잎이 있다면 곁들여 쌈으로 먹어도 좋다.

MAKE YOUR STYLISH HOMEPARTY

영업시간, 안주 종류 제한 없고 편안한 분위기를 만들 수 있는 홈파티를 계획해보자. 데커레이션에 약간만 신경 쓴다면 호텔 클럽 파티 부럽지 않은 파티가 될 것이다.

● 테이블 클로스를 바꿔준다. 강남 고속터미널 지하 상가나 광장 시장, 동대문 종합시장 등지에서 판매하는 테이블 매트나 테이블 클로스를 몇 가지 구입해 분위기에 따라 바꿔준다.

● 태국이나 캐리비안의 섬, 인도네시아, 필리핀 등 인건비가 저렴하거나 원주민이 만든 토속품을 싸게 파는 곳을 여행한다면 다른 것보다 테이블 데코레이션 용품을 사는 것도 좋다. 자개로 만든 냅킨 링이나 핸드메이드 레이스 냅킨 등이 고급스러우면서도 독특하다.

● 와인은 1~3만 원대 데일리급 와인을 12병들이 박스로 구입하면 저렴하다. 평소 몇 가지 저렴한 와인맛을 기억해 두었다가 좋았던 와인을 구입한다. 고급 와인이 있다면 가장 먼저 따자. 취기가 오르면 섬세하게 와인맛을 구별해낼 수 없다. 와인이 맛이 별로라면 사과나 오렌지, 배 등을 썰어넣어 스페인식 상그리아를 만들면 술에 약한 여자들도 부담없이 마실 수 있다. 대신 리델이나 스피겔라우와 같은 좋은 와인잔을 준비하면 파티의 분위기를, 한껏 돋보일 수 있으며 와인의 맛을 높여준다.

● 샐러드나 모둠 치즈, 과일, 양파와 마늘 오븐 구이, 화이트 와인 소스의 홍합탕, 빵 등의 메뉴를 준비하는 데 손도 많이 가지 않으면서 모두에게 인기 높은 음식이다. 화려하고 큰 접시에 담아 부페처럼 즐기자.

● 하겐다즈나 레드 오 망고 아이스크림, 시폰 케익을 준비해 자칫 소홀하기 쉬운 디저트도 마련해둔다. 초콜릿 케익이나 초콜릿 브라우니는 전자레인지에 30초 정도 데워 바닐라 아이스크림과 서빙하면 매우 고급스럽다. 와인과 디저트는 매우 훌륭한 궁합을 자랑하고 파티 음식의 구색을 맞추기에도 좋다.

● 세련된 라운지나 하우스 비트의 음악을 준비하자. 파티의 완성도가 높아진다.

● 파티피아 등 파티 용품 판매점에서 천정에 달 수 있는 장식물을 구입해 대롱대롱 달아주자. 강남 고속터미널 지하상가에서는 세련되고 고급스러운 장식용 초 등의 액세서리를 구입할 수 있다.

● 알파벳 도장으로 직접 각 자리에 이름표를 마련한다. 파티가 특별해진다.

● 꽃도매 시장에서 계절의 아름다운 꽃을 사다 화병에 꽂아보자. 그것만으로 분위기가 달라질 것이다. 화병이 없다면 평소 쓰고 닦아둔 병조림 병이나 조카가 먹은 액상 분유병, 꼬마 주스병도 얼마든지 활용가능하다.

● 요즘 유행하는 빈티지, 앤틱 소품으로 멋을 낸 카페처럼 커다란 유리병 안에 작은 초를 넣어 불을 밝힌다.

알기 쉬운 파스타 요리 공식

한식 요리는 우리의 어머님들이 워낙 맛있게 만들기 때문에 여간해서는 솜씨 자랑하기 어렵다. 그러나 파스타의 경우는 다르다. 보통 어디 레스토랑의 요리사나 되어야 만들 수 있다고 생각하므로, 파스타 한 접시 만들면 '요리 잘하는 사람'으로 인식된다. 파스타는 요리책에 씨 있는 대로 계량하여 만들면 흉내도 낼 수 있고 만들어놓은 시각적 효과가 근사하다.

또 싱글의 키친에서 이탈리안 레스토랑을 흉내낸 듯 수준급으로 파스타를 만들어낸다면 최소한 '넌 주부 스타일이 아니야.' 라든가 '혼자 사는 게 낫겠다.' 는 소리보단 '야! 시집 갈 준비가 되어있는 걸!', '결혼 못하는 게 아니라 안하는구나.' 라는 말을 들을 수 있지 않을까.

사실 파스타만큼 쉽고 간단한 요리도 없다. 토마토, 크림, 올리브오일 소스 파스타 각각의 요리 기초 공식을 알고 간을 잘 맞춘다면 여러 가지 식재료의 첨가로 무한한 응용도 가능하다. 기초부터 시작해보자.

파스타의 기초

1 파스타는 이탈리아 국수의 통칭. 우리나라 국수에 소면, 수제비, 칼국수, 우동 등이 있는 것처럼 국수 모양에 따라 펜네, 스파게티, 파파델레, 라자냐, 링귀니, 페투치니 등으로 나눌 수 있다.

2 스파게티처럼 긴 파스타의 경우 손가락으로 말아 쥐어 지름 약 2cm 정도가 1인분이며 펜네나 파르펠레처럼 짧은 파스타는 밥공기에 담아 8부 분량(50g)이 1인분이다.

3 파스타 포장 겉면에 각각의 파스타를 삶는 적정 시간이 적혀있다. 그것을 지키면 파스타 심이 살아있는 '알덴테' 상태로 삶을 수 있다.

4 초대 요리로 파스타를 미리 삶아놓을 때는 포장 겉면에 적힌 시간보다 1분 적게 삶고 물기를 빼 넓은 판에 널어 올리브유에 버무려 식혀놓는다. 찬물에 헹궈두면 불어서 맛이 없다. 레스토랑에서 바쁜 식사 시간에 파스타를 준비하는 것은 무리이므로 이렇게 미리 삶아 식혀 정확히 무게를 재고 각각 1인분씩 담아두었다가 주문이 들어오면 사용한다. 물론 먹을 때 바로 삶는 것이 가장 맛있긴 하다.

5 국수 삶은 물은 버리지 말고 파스타 소스에 조금씩 넣어 묽게 하는데 사용한다.

6 토마토 소스와 올리브오일 소스엔 마늘을, 크림 소스엔 양파를 볶는 것부터 파스타 요리를 시작한다.

7 화이트 와인을 마시고 남은 것은 버리지 말고 통에 담아 냉장고에 보관하자. 어패류 사용시 비린 맛 제거에 사용한다.

8 레드 와인 남은 것은 쇠고기 양념에 사용하면 육질이 연해지고 비린내도 제거된다.

토마토 소스 파스타의 기본 조리 원칙

1 2인분 파스타 소스를 만들 때 마늘 한 톨을 다지거나 으깨 올리브유와 버터 약간과 함께 타지 않게 팬에 볶는다. 매운 맛이 좋다면 붉은 고추 1~2개를 함께 다져 볶는다.

2 1에 시판용 토마토 통조림을 100~150g 넣는다. 홀 토마토가 있고 토마토 페이스트가 있는데 보통은 홀 토마토를 쓰는 것이 좋다.

2-1 내용물로 해산물을 넣고 싶다면 1에 마늘과 함께 양파를 다져 함께 볶는다. 손질한 해산물에는 마늘과 화이트 와인을 첨가해 비린 맛을 없애고 따로 삶아 토마토 소스에 첨가한다. 양파는 육질을 부드럽게 하고 단맛을 끌어내며 비린 맛을 없애는 역할을 한다.

2-2 내용물로 베이컨이나 햄, 닭고기, 소시지, 앤초비 등의 육류, 버섯을 넣고 싶다면 1번 다음 순서에 넣고 잘 볶아야 제 맛이 난다.

2-3 생크림을 1/2컵 넣으면 토마토도, 그림도 아닌 핑크 소스가 되는데 고소하면서도 새콤한 맛이 우리 입맛에 매우 잘 맞는다.

3 소금간을 할 때 내용물로 베이컨이나 앤초비 등을 넣었다면 짤 수 있으므로 소금은 조금만 넣는다.

4 삶은 파스타와 볶아 낸다. 모짜렐라는 마지막 단계에 넣어 살짝 녹이고 바질, 파슬리, 후추 등의 향신료도 마지막 단계에 넣어 향을 끌어낸다.

5 토마토 소스는 싱거운 듯 하면서도 새콤한 맛이 강하므로 표면적에 소스를 많이 묻힐 수 있는 펜네나 스파게티, 파파델레 등 거친 단면의 파스타가 적당하다.

크림 소스 파스타의 기본 조리 원칙

1 크림 소스 파스타를 만들기 위해서는 시중에 판매하는 생크림이나 우유, 파마산 치즈 가루 등이 필요하다.

2 2인분 크림 파스타 소스를 만들 때 양파 1/4개를 다져 올리브유와 함께 볶는다.

2-1 내용물로 해산물을 넣고 싶다면 2에 마늘 1톨을 넣어 함께 볶는다.

2-2 2에 버섯을 넣어 볶다가 생크림 1컵과 우유 1/4컵, 파마산 치즈 가루 15g을 넣고 소금, 후추 간을 하면 '알프레도 소스'가 된다.

2-3 2에 화이트 와인 1T와 베이컨을 잘게 썰어 볶다 삶은 파스타와 볶고 달걀 1개와 파마산 치즈 가루 15g, 생크림 1/4컵, 다진 파슬리 1t를 넣고 통후추와 소금 간을 해 섞어놓은 소스와 버무려 먹으면 '카르보나라 소스'가 된다.

3 크림 소스는 맛이 강하고 느끼하므로 굵기가 굵은 타글리아니, 페투치네, 파르팔레, 링귀니 등의 부드러운 단면의 파스타를 사용하는 것이 좋다.

4 근처 마트에서 생크림을 팔지 않는다면 제과점에 가보자. 크림을 많이 쓰는 제과점에는 반드시 있다.

올리브오일 파스타의 기본 조리 원칙

1 올리브오일에 볶은 파스타는 실제로 이탈리아 사람들이 가장 좋아하는 기본적인 파스타이다. 마늘을 올리브유에 볶

다 삶은 파스타를 함께 볶아 소금, 후추 간을 한 파스타는 '알리오 올리오'로 가장 기본적인 파스타 중 하나이다. 파스타 삶은 물로 농도를 맞추고 파마산 치즈를 살짝 뿌리면 더욱 맛있다.

2 2인분 올리브유 파스타를 만들 때 올리브유 1T를 팬에 두르고 얇게 편으로 썬 마늘 1톨과 잘게 자른 홍고추 1개를 넣고 노릇하게 볶는다.

3 알덴테로 삶은 파스타를 넣고 파스타 삶은 국물 2T나 육수 2T를 넣어 볶다가 소금과 후추로 간한다.

3-1 2에 해감한 모시조개 200g(시판용 한 봉지)을 넣어 센 불에 볶는다. 여기에 화이트와인 2T를 넣고 뚜껑을 덮어 조개 입이 벌어질 때까지 삶는다. 시판용 페스토 소스1/2T를 넣고 삶은 파스타를 함께 볶아 소금, 후추 간을 하면 '봉골레'가 된다.

4 올리브유 파스타는 양념이 강하지 않으므로 간이 국수에 배기 좋은 가장 얇은 굵기의 카펠리니나 스파게티, 링귀니 등이 적당하다.

Chapter 3 / **Decorate My Space**

Chapter 3 / Decorate My Space

사람의 시야는 나이가 들어감에 따라 점점 넓어지기 마련이다. 어릴 때는 나 밖에 보이지 않았지만 점점 주변이 보이기 시작한다. 나의 외적인 것을 꾸미는 것도 중요하지만 그보다 더 중요한 것은 외모뿐 아니라 지식이나 상식, 교양, 사는 스타일, 공간, 취향 여러 가지가 모두 균형있게 조화를 이루는 것이다. 예쁘고 새침한 외모에 하는 말은 비속어 투성이라면 '반디'기 줄줄 흐를 것이다. 사는 공간도 마찬가지. 명품 백을 들고 네일케어를 깔끔하게 한 사람이라면 그만큼 그녀가 사는 공간 역시 럭셔리하면서도 깔끔해야 잘 어울린다. 아무리 외모를 잘 꾸민다 해도 집에는 과자 봉지가 뒹굴고 얼룩덜룩 때 탄 이불, 가구도 컨셉 없이 기능만 있는 그런 가구 일색이라면 참 어울리지 않을 것이다.

보이지 않는 부분에 신경 쓰는 사람이야말로 진정한 멋의 소유자가 아닐까 한다. 혼자 살기 때문에 누가 보는 것도 아닌데 대충해놓고 살거나, 집이 너무 작아서 꾸밀 만한 공간이 없다고 막 사는 건 스타일을 포기하는 어리석은 짓이다. 벽이나 바닥의 컬러를 바꿔준다거나 가구의 높낮이와 공간 배치가 달라지는 것만으로 공간은 달라지게 되어있다. 세탁기 옆에 빨래가 아무렇게 쌓여져 있는 것보단 내추럴한 컬러의 라탄 바구니 안에 들어있는 모습이 훨씬 정돈된 느낌을 주는 것처럼.

스타일리시한 라이프스타일이란?

누군가를 처음 알게 되면 그 사람의 외모부터 살피게 된다. 그 사람의 패션과 인상, 헤어 스타일, 피부, 핸드백, 신발, 손, 머리카락…. 멋지고 세련된 외모의 소유자라면 '그 사람 참 호감간다' 라고 표현하기도 한다.

상대와 점차 많은 시간을 보내게 되고 다양한 공간에서 상대와 지내게 되면 지적 수준과 습관을 알게 된다. 다양한 주제의 대화를 하며 상대의 지적 호감도나 인성과 마주하게 된다. 그럴 땐 '그 사람 알면 알수록 흥미로운 사람이야' 라거나 '그 사람 지낼수록 좋은 사람인 것 같아' 라고 확신하게 된다. 상대와 진정 친해지게 되어 그 사람의 삶의 공간으로 들어가게 되면 상대에 대해 더 많은 정보와 흔적, 취향을 대하게 된다. 그가 쓰는 필통, 봉투 칼, 메모지, CD 컬렉션, 사진과 앨범, 책들, 가구, 옷걸이, 침구, 소파, 침대 등을 보면 평소 어떤 생활을 하는지, 아주 디테일한 감성과 습관을 알게 된다.

나는 패션 스타일리스트이기 이전에 삶의 모든 부분에 균형잡힌 스타일이 좋다. 타인에게 보여지는 옷은 너무나 근사하게 챙겨 입으면서, 자신이 지내는 공간이나 먹는 음식에는 전혀 관심이 없다면 스타일리시한 사람이라고 말할 수 없을 것이다.

진정한 스타일리시함이란, 의식주 모든 면에서 인생을 조화롭게 사는 것이 아닌가 한다.
스타일리시한 싱글이 되고 싶다면 의식주의 밸런스를 맞춰야 한다. 좋은 옷을 고르는 것 만큼 먹는 것도 까다롭게 선택하고, 자신의 공간도 꾸밀 줄 알아야 한다. 집은 옷처럼 누군가에게 노출되는 부분이 아니기 때문에 소홀한 경우가 많다. 겉으로 드러나는 부분만 신경쓴다면 마치 위아래 짝이 다른 속옷을 입은 채 명품을 두르고 잘난 척 하는 것과 같다.
패션계에 종사하다 보니 운이 좋게도 다방면에서 감각적인 능력을 발휘하는 사람들을 많이 만나게 된다. 〈바자〉 시절 함께 근무하고 지금은 '아장 드 베티'를 운영하는 스타일리스트 서은영은 스타일리시하고 카리스마있는 외모와 유머러스하고 귀여운 말투를 지녔다. 하지만 그녀는 누구보다도 델리케이트하고 페미닌하며 클래식한 스타일링을 좋아한다. 그런 그녀의 취향을 미루어 짐작하긴데 그녀가 사는 공간은 빈티지 감성의 아기자기하고 이국적인 느낌이 강할 것 같다. 런던이나 도쿄와 어울릴 것 같은 그런 공간. 인간미보다는 완벽히 세팅된 아주 고급스러운 공간이 연상된다. 하지만 예상과는 달리 그녀가 실제 사는 공간은 모던하고 내추럴해서 편안한 느낌이 든다. 화이트 톤의 벽에는 추억을 간직한 엽서나 그림과 그녀가 좋아하는 시구와 사진 등으로 빼곡히 채웠다. 티크 컬러의 밝은 나무의 가구는 군더더기 없는 디자인이 오히려 멋스럽고 고풍스럽다. 오렌지 컬러의 임스 체어와 구리 소재의 스탠드는 단

조로울 수 있는 인테리어 컬러에 포인트가 된다. 부엌은 매우 실용적으로 꾸미고, 양념통이나 칼, 냄비 등이 놓여져 있어 마치 멸치 국물 고소한 잔치 국수 냄새가 나는 듯하다.

언제나 장난꾸러기 남자 아이 같은 CF 감독 B씨는 대단히 에너제틱하고 크리에이티브한 사람이다. 그의 사무실은 '생각대로T' 광고 등에서 보여 준, 그가 직접 쓴 글씨처럼 감각이 넘친다. 사무실을 가로지르는 유리 벽면에는 아오이 유우, 하마자키 아

유미 같은 귀엽고 어린 배우의 이름부터 칼 라거펠트, 무라카미 다카시, 안도 타다오 등의 디자이너, 일러스트레이터, 건축가 등에 이르기까지 그가 좋아하는 크리에이터의 이름과 생년이 노란 시트지로 쓰여있다. 바닥은 콘크리트의 자연스러움을 살린 에폭시로 마감이 되어 있고 한 켠엔 가끔씩 연주하는 피아노가 놓여져 있다. 어지러운 듯 보이면서도 질서정연한 책상과 책상 주변의 벽에는 그가 좋아하는 장난감이며 사진이며 캘린더가 놓여지거나 붙여져 있다.

샤넬의 크리에이티브 디렉터인 칼 라거펠트는 몇 백억을 들여 때때로 자신이 사는 집의 컨셉을 모조리 바꾸는가 하면 매 시즌 샤넬의 광고 캠페인을 직접 찍기도 한다. 이탈리아 명품 브랜드의 상징인 아르마니를 만든 조르지오 아르마니는 자신의 디자인 철학과 어울리는 인테리어 브랜드 아르마니 카사를 런칭하는가 하면 벤츠나 애니콜과의 협력으로 아르마니의 감성을 결합한 제품을 출시하기도 한다. 펑키하고 오트 쿠튀르적인 섬세함을 보여주는 크리스찬 라크루와는 자신의 디자인 컨셉을 살린 작은 부티크 호텔 '르 쁘띠 물랑'을 프랑스 파리에 오픈하기도 했다.

스타일은 어느 한쪽으로 치우치지 않는다. 그러므로 자신의 감성을 보여주고 싶다면 적어도 자신이 사는 공간을 자신이 입는 패션만큼 공 들여야 할 것이다.

인테리어에도 컨셉이 있다

'난 집도 없는데 무슨 인테리어 컨셉'이라고 할지도 모른다. 또는 '난 월세라서 내 집도 아닌데 인테리어에 돈 쓰는 건 아깝잖아'라고 할 수도 있다. 슬퍼하거나 노여워할 필요 없다. 집이 없어도 내가 자는 침대는 있을 것이고, 월세라 해도 1년은 그 공간에 머물러야 한다. 가구와 가전제품으로 사들이라는 이야기가 아니다. 한 쪽 벽이라 해도 자신의 스타일을 나타낼 수 있는 사진이나 장식품 몇 개만 있으면 활기 넘치는 싱글 인테리어를 완성할 수 있다.

불과 십여 년 전 아니 오 년 전에 비해 서울에는 예쁜 레스토랑이나 카페들이 즐비하게 들어서기 시작했다. 젊은이들이 많이 찾는 홍대 주차장 골목 쪽이나 정문 근처, 산울림 소극장 건너편 골목, 삼청동, 압구정동 가로수길, 분당 정자동 거리가 다른 곳보다 훨씬 감각적으로 보인다면 그것은 컨셉에 맞게 스타일리시하게 꾸민 크고 작은 장소가 많기 때문이다.

뉴욕과 런던, 파리, 도쿄 등이 패셔너블한 도시로 손꼽히는 이유 역시 뉴욕이나 런던의 소호 거리, 파리의 미래 지구, 도쿄의 다이칸야마 등 특성 지역에 감각적인 숍이 많기 때문이다. 예전에는 해외 이런 도시에 가야지만 세련된 공간을 볼 수 있었지만

이제는 우리나라에도 일일이 찾아다닐 수 없을 정도로 멋지고 스타일리시한 공간이 우후죽순으로 늘고 있다.

옷 하나만을 놓고 보면 독특하고 아름답지만 자신이 가진 다른 패션 아이템과는 어울리지 않는다면 그 옷은 무용지물이다. 인테리어의 경우에는 소품이나 가구, 침구류 하다못해 스테플러나 메모지조차 눈에 보이는 곳에 놓여 있기 때문에 하나를 구입하더라도 자신의 방이나 집의 인테리어 분위기와 어울릴지를 고려해야 한다. 이제 막 인테리어에 흥미를 갖기 시작한 싱글 우먼이라면 마음에 드는 테마를 골라보자.

⟨ Seaside Escape ⟩

따갑게 내리쬐는 태양과 시원한 바람. 흙으로 지은 거친 움막 같은 집의 창은 아치형으로 나있고 바닥은 나무로, 침대엔 기둥이 있고 그 기둥엔 커튼처럼 얇은 천이 드리워져 있다. 할머니가 물려준 것 같은 앤틱 가죽 가방과 테라코타의 큰 항아리는 필수 장식품이다. 이러한 요소들은 지중해 어딘가에서 쉽게 만날 수 있는 주거양식이다. 영화 〈맘마미아〉에서 주무대가 되는 메릴 스트립의 집 겸 호텔이 바로 이러한 스타일. 벽과 천정은 화이트로 꾸미고 대신 비비드한 패턴이 강렬한 에스닉한 원단으로 지중해 분위기를 주면 좋다.

액자 푸른 바다와 항구, 배, 절벽, 바다가 보이는 창가, 비치 체어, 야자수 등의 바다와 어울리는 사진이나 그림, 이미지, 포스터 등을 걸어놓는다. 마음에 드는 사진이 있다면 실사 프린트하는 곳에 의뢰하여 원하는 크기로 프린트 하여 크게 걸어놓는 것도 재미있다.

라탄 밀짚, 라탄, 등나무 등의 소재를 엮어 만든 소품은 어떤 컨셉의 인테리어에도 곧잘 어울리는데 특히 마린풍 스타일에 잘 어울린다. 라탄 바구니에 잡지나 말린 꽃을 꽂아놓는다거나 침대 밑 공간에 수납함으로 쓴다. 책상 위의 작은 라탄 소재 접시는 쓸데없이 돌아다니는 자질구레한 문구류를 한데 모아놓을 수 있다.

그릇 바닷물처럼 시원하고 푸른 느낌의 유리 소재를 사용한다. 투명한 유리나 블루, 에메랄드 그린 컬러의 유리 접시에는 과일, 치즈 등을 담아 내고 물컵도 역시 유리가 좋다. 로얄 코펜하겐 스타일의 흰색 바탕에 푸른 색으로 데코레이션된 사기 그릇 역시 마린풍 인테리어와 매우 잘 어울린다.

매트와 러그 내추럴한 베이지 컬러의 매트로 공간 활용을 해보자. 맨 바닥보다는 훨씬 고급스럽고 간자저인 분위기를 연출할 수 있을 것.

커튼 야자수 프린트나 블루 스트라이프, 화이트 컬러의 커튼이 어울린다. 격자 장식이 있는 문에는 화이트 블라인드도 꽤 잘 어울린다. 화이트 컬러의 단색 커튼을 고른다면 아주 얇아 비치는 소재가 시원해 보인다.

선텐 체어 접을 수 있는 나무 의자나 화이트 컬러의 1인용 체어는 매우 시원한 느낌을 준다.

장식품 바다향이 느껴지는 푸른색이나 은색 용기에 담겨진 향수, 푸른 야자수를 꽂은 대담한 디자인의 화분, 불가사리나 고동, 닻, 키, 밀짚 모자 등의 마린풍 소품을 모아 책장이나 선반에 올려놓는다.

⟨ Colorful Pop World ⟩

레드, 그린, 옐로, 블루, 오렌지 등 심플한 디자인의 컬러풀한 가구나 소품으로 인테리어를 꾸미는 것. 다소 유치할 수 있는 컨셉이지만 초보자로선 꾸미기 쉽고 재미있다.

몇 년 전 잠깐이지만 인터넷 쇼핑몰을 운영한 적이 있다. 지금처럼 쇼핑몰 시장 규모가 그다지 크지 않지만 제법 붐을 일으키고 있었고 패션 피플 중 인터넷 쇼핑몰을 하는 사람이 적었기 때문에 각종 매체에서 오픈 소식을 다뤄주어 꽤 손님이 많이 들어오는 편이었다. 집에서 조그맣게 하다가 쌓여가는 옷 재고를 감당할 수 없어 작은 오피스텔을 빌렸다. 10평 정도 되는 오피스텔은 높은 천정과 작은 침실 크기 정도의 복층이 있었다. 통통 튀는 인테리어를 위해 활용한 컨셉이 바로 팝스타일. 핑크, 옐로, 블루 컬러를 메인으로 도트 프린트의 원단을 끊어 높은 창문의 커튼을 만들고 남은 천으로는 복층으로 올라가는 계단 사이 공간을 막는 커튼을 제작해 이 빈 공간을 박스를 쌓는 창고로 이용했다.

액세서리와 옷을 수납하고 책을 꽂아두기 위해 복층 높이의 높은 빈 벽에는 MDF 박스를 높이 쌓아 올리고 사다리를 놓았다. MDF 박스는 화이트와 핫 핑크 등의 컬러로 조색한 페인트를 칠해 젊은 감각을 불어넣었다. 소파는 집에 있던 앤티크 소파를 천갈이해 놓고 도트 프린트 커튼과 비슷한 컬러톤의 스트라이프 러그를 중앙에 깔고 작업 테이블을 놓았다.

의자 컬러풀하고 다순하지만 디자인이 독특한 의자는 방안을 컬러풀하게 연출하는데 가장 중요한 도구이다. 주로 60년대 풍의 미래적인 디자인이 잘 어울린다.

책 비비드한 컬러의 북 커버는 인테리어를 위한 좋은 소품이다. 테이블 위에 책을 놓아두거나 잘 보이는 선반에 꽂아둔다.

벽지 컬러풀한 소품이 자칫 정신 없을 수 있으므로 벽지는 내추럴한 아이보리나 화이트 톤으로 마감한다. 파벽돌을 붙여 자연스러움을 살려주는 것도 좋다.

조명 인테리어용 스탠드 조명은 컬러풀하고 단순한 디자인으로, 바닥에는 따뜻한 백열 조명을 놓아둔다. 알록달록한 컬러의 샹들리에를 부엌이나 거실에 장식하면 인테리어 효과가 훌륭하다.

시계 컬러풀하고 모던한 시계는 화이트로 마감된 벽에 포인트를 줄 수 있다.

그릇 연두색, 주황색, 노란색 등의 다양한 캔디 컬러 접시로 테이블 세팅을 한다. 단, 테이블 클로스의 컬러는 아주 심플하고 수저도 단순한 디자인의 메탈 소재가 좋다.

3
⟨ Modern Silver ⟩

모던한 스타일을 좋아한다면 실버 소재를 적극 활용한다. 극도로 절제된 디테일의 가구나 마감재가 모던한 인테리어와 잘 어울리며 자질구레한 소품은 가급적 보이는 곳에 놓지 않는다. 벽면이나 바닥도 장식없이 비워둔다.

90년대 후반부터 2000년대 초반 유행했던 미니멀 젠 스타일과도 잘 어울리는 컨셉이다. 개인적으로는 너무 도시적이고 차가운 느낌이 들어 나의 공간 인테리어로는 별로 활용하지 않는 컨셉이지만 패션계의 엣지있는 스타일과는 참 잘 어울리기는 한다. 제일모직에서 운영하는 멀티숍 10 꼬르소 꼬모에서는 실버의 차가운 메탈 소재를 에스닉한 감성의 블랙 일러스트와 함께 활용하여 꼭 차갑지만은 않은 오묘한 느낌을 준다. 아르마니 까사는 이탈리안 스타일 특유의 정돈된 시크하고 모던한 느낌이라 이러한 컨셉에 자주 참조하는 편이다.

오디오 블랙&스틸 소재의 미니멀한 디자인을 선택한다. 앤티크한 디자인보다는 요즘 많이 선보이는 얇고 긴 디자인의 스피커가 잘 어울린다. 철제 소재의 모던한 가전제품이 인테리어에 좋은 소품이 된다.

가구 논현동 가구골목이나 청담동, 을지로 등 가구점 중에서 모던한 디자인의 철제 가구를 파는 곳이 종종 있다. 유려한 곡선미나 시원한 직선미가 돋보이는 미니멀한 디자인의 의자나 테이블 등을 인테리어 소품으로 활용한다.

소품 폴리엠(Poly M)이나 무인양품(롯데백화점)에서 구입할 수 있는 소품들은 디테일을 생략한 베이직한 디자인의 제품이 대표적이다. 아르마니 까사 역시 모던한 디자인이 돋보이는 소품을 많이 판매한다. 알레시(Alessi)나 필립 스탁이 디자인하는 카르텔(Cartel)의 모던하고 컬러풀한 소품이나 아크릴 제품들도 잘 어울린다.

욕실용품 칫솔꽂이, 비누 받침대, 컵, 휴지통 등의 소품은 미니멀한 스틸 제품을 인테리어에 활용한다.

꽃 장식 모던한 인테리어에 꽃을 이용하는 경우는 드물다. 꽃으로 장식하고 싶다면 미니멀한 화병에 색이 절제된 꽃들을 꽂아주는 정도가 좋다. 화이트 컬러의 꽃이 무난한 선택이다.

〈 Ethnic Treasure 〉

언젠가 잡지에서 유명 패션 디자이너들의 작업실을 본 적이 있다. 패션 디자이너의 작업실은 다른 세상을 보는 듯 놀랍고 새로웠다. 콘크리트 마감의 텅 빈 듯한 실내는 전면 유리창으로 인해 햇빛이 풍부하게 들어왔고 고목나무로 만든 커다란 벤치가 덩그러니 놓여있는 식의 인테리어는 독특했다. 아무렇게나 벽에 붙여진 작업 지시서는 매우 시크한 느낌을 주었.

디자이너의 작업실이 독특한 제일 큰 이유는 이국적이기 때문이다. 그들은 컬렉션의 영감을 위해서 곧잘 어디론가 여행을 떠나고 또 거기서 얻은 진귀하고 개성있는 물건들을 들고 오는데 이런 것들이 모여 에스닉한 분위기를 자아내는 데 일조를 한다. 아랍 식의 기하학적 문양이나 중국 것인지 모를 전통 자개함 등의 디테일이 돋보이는 제품들을 모아두면 강렬한 에스닉 컨셉의 인테리어를 할 수 있다.

오디오 에스닉 컨셉에서 가장 중요한 건 벽과 바닥의 색상과 패턴이다. 여기서 언급하는 다른 인테리어 컨셉과 비교하면 매우 강렬하고 독특한 벽지가 잘 어울린다. 아랍 풍의 기하학적 문양의 부분 벽지로 띠를 두르거나 타일을 바른다. 마름모꼴의 마루 바닥도 잘 어울린다. 벽이 고르다면 페인트를 칠하는 것도 한 방법.

쿠션 오래된 낡은 소파에는 비비드한 컬러의 커버를 만들어 씌운다. 방석이나 쿠션은 최대한 화려하고 디테일이 섬세한 것이 좋다. 핑크나 오렌지, 레드, 브라운 등의 에스닉한 컬러에 금사나 은사로 수가 놓여진 혹은 스팽글이나 비즈 장식도 그럴 듯한 분위기를 연출할 수 있다.

소품 뿔이나 나무를 깎아 만든 촛대, 액자는 에스닉 컨셉 인테리어의 필수품. 중국 황실에서 이용했음직한 스탠드나 모로코 스타일의 전등, 자개 장식이나 옻칠이 된 보석함이나 상자, 팔각함, 테이블 등은 비슷한 분위기가 아니라도 신기하게 잘 어울린다.

그릇 모로코 스타일의 색유리 제품이나 입으로 불어 만든 유리잔, 자개 장식의 접시, 나무 접시를 각각 다른 것으로 모아본다. 원색의 삼베 소재 매트나 비비드 컬러의 리넨 테이블 보 등과 함께 데코레이션한다.

5
〈 Ecology Chic 〉

웰빙이 우리 시대의 중요한 관심사가 되면서 오가닉과 로하스는 인테리어의 인기 컨셉이 되었다. 꾸미지 않은 듯 자연스러운 디자인과 나무와 돌, 가죽 등의 천연 소재를 이용한 제품으로 공간을 꾸민다면 내추럴하면서도 편안하고 트렌디한 느낌을 줄 수 있다. 특히 나무는 인체에 무해한 천연 소재이고 자연 그대로의 내추럴한 질감과 군더더기 없이 간결한 디자인 등으로 많은 사랑을 받는 자재이다.

실제로 요즘 핫하게 떠오르는 카페나 레스토랑, 인테리어 매장 등에 가면 나무를 주요 소재로 사용한 곳을 자주 볼 수 있다. 압구정동 학동 사거리의 데일리 프로젝트 2층 카페는 벽 전체를 미송 합판으로 마감했다. 생나무나 오래된 나무를 깎아 만든 고즈넉한 느낌의 나무 가구도 인기다.

러그 지브라나 호피 프린트, 악어 가죽 엠보싱의 천연 가죽을 러그 대신 바닥에 깔아주는 것으로 분위기는 한결 대담하고 시원해진다.

가구 나이테가 보이는 나무 밑둥을 의자로 쓰거나 사이드 테이블처럼 놓아둔다. 스툴 역시 내추럴한 나무 결이 살아있는 마감이 좋다. 페인트를 칠하지 않아 자연스러운 가구가 잘 어울린다. 기하학적인 디자인이 강조된 디자인 체어를 포인트로 한두 개씩 놓아주면 공간이 더욱 고급스러워진다.

방석 소파 대신 라운지처럼 화이트이 넓은 쿠션과 방석으로 공간을 연출해보는 것도 재미있다.

착시효과 살리면
인테리어가 산다

원룸, 오피스텔 등 1인 싱글이 거주하는 공간은 20평 미만이 많다. 공간이 좁다고 포기하지 말고 천정, 바닥의 컬러를 바꿔보자. 가구 배치를 달리하거나 수납 형태를 바꿔본다면 그 역시 공간을 넓어 보이게 하는데 효과적인 힘을 발휘한다. 착시 효과를 노리는 인테리어나 날씬해 보이는 실루엣으로 연출하는 스타일링 모두 라이프스타일을 더욱 패셔너블하게 만든다.

같은 크기의 공간이라도 마감 색상이나 가구에 따라 공간이 넓어 보일 수도, 좁아 보일 수도 있다. 천정 컬러의 기본은 화이트다. 공간 컬러에 어울리는 여러 가지 화이트 톤의 천정 컬러를 선택하면 천정이 더욱 후퇴되어 보인다. 간혹 카페 같은 곳에서 천정 마감재를 뜯고 전선이 보이도록 한 뒤, 어두운 콘크리트 색을 그대로 노출시키는 경우가 있는데 이때엔 천정높이가 충분히 높아야 한다. 그렇지 않다면 전선은 그대로 노출해도 흰색 페인트로 마무리 해야 한다.

벽은 한 가지 컬러를 정하고 그와 비슷하거나 밝은 톤으로 띠를 둘러주면 리드미컬한 공간이 된다. 바닥에 가까울수록 어두운 컬러를, 천정에 가까울수록 밝은 컬러를 선택한다. 비슷한 톤의 조합은 공간이 넓어 보이고 어두운 컬러의 조합은 안정적이

다. 띠의 경계선이 천정 쪽에 가까우면 공간이 더욱 높아 보이고 모던한 효과를 줄 수 있고 바닥 쪽과 가까우면 안정적이고 고전적인 느낌을 준다. 보통 사람의 엉덩이나 허리선에 띠의 경계를 줄 때엔 얇은 몰딩을 붙여 고전적 효과를 더한다.

바닥은 마루가 가장 좋다. 요즘은 저렴한 가격에 마루 효과를 낼 수 있는 장판 마루가 개발되어 많이 이용되고 있는데 마루 컬러는 차분하게 톤 다운된 골드 톤이 좋다. 반짝이게 코팅된 마루는 가벼운 느낌을 주고 폭이 좁은 마루는 바닥을 팽창되어 보이게 한다. 부분 러그는 바닥의 공간에 경계를 주어 따뜻하게 보이는 효과가 있다.

식탁이나 책상 테이블은 접어 쓰는 디자인을 선택하면 공간활용을 할 수 있다. 평소에는 접어서 4인 식탁으로 쓰다 손님이 올 경우 넓게 펴서 6인 식탁으로 쓰는 테이블 디자인이 있다. 의자의 다리는 가늘수록 바닥이 잘 보이므로 훨씬 공간이 넓어 보인다. 접어 쓰거나 포갤 수 있는 의자는 필요할 때만 쓰므로 정리정돈이 쉽다.

나의 사무실에는 오랜 시간 편하고 은밀하게 미팅을 하기 위한 공간으로 3인용 소파와 2인용 소파를 ㄱ자로 배치해 놓았다. 거기에서 다리를 뻗고 기대어 책을 보거나 시안을 찾기 위해 잡지를 산더미처럼 쌓아놓고 스크랩을 하기도 한다. 간혹 미팅하는 인원이 많을 때가 있다. 그럴 때마다 바깥에 있는 의자를 가져다 놓기도 불편하고 또 소파와 의자는 눈높이가 맞지 않아 어색할 수도 있기 때문에 색다른 디자인의 테이블을 주문 제작했다. 정사각형의 테이블 크기와 높이는 일반적으로 하는 대신에 다리를 +형대의 나무판을 붙이고 위에서 보는 테이블 사이즈를 네 등분한 크기로 작은 의자를 Ⅱ자 형태로 만들어 테이블 밑에 넣었다. 평소엔 안보이게 집어놓고 테이블이 비좁을 경우엔 의자를 빼서 사이드 테이블처럼 사용하고 의자가 부족하면 보조 의자처럼 썼다.

요즘은 벽지 대신 유럽이나 미국의 집처럼 페인트를 칠하는 경우가 많다. 페인트의 경우 인건비를 제외하면 비용이 훨씬 저렴하고 싫증이 나면 언제든지 덧칠해줄 수 있기 때문에 경제적이기도 하다.

집이 넓어 보이기 위해서는 벽 전체의 컬러를 한 가지로 정하고 방이나 거실, 부엌 벽 컬러의 톤은 서로 다르게 하면 리드미컬하고 입체적으로 보인다. 거실이나 중앙 홀은 컬러 톤 중 가장 강한 색으로 칠하여 임팩트를 주고 방은 좀 더 흐리고 채도가 낮은 톤을 서로 다르게 칠한다. 이때 천정은 밝게 화이트 톤으로 맞추고 바닥은 맑은 톤의 마루가 좋다. 천정이 낮은 게 고민이라면 앞서 언급한대로 성인 남자의 머리 높이 정도의 벽부터 천정까지 같은 컬러로 칠하면 천정이 더욱 높아 보인다.

⟨ Living Room ⟩

거실 벽은 페일하게 톤 다운된 컬러로 페인트칠하거나 벽지를 발라준다. 벽 컬러를 가로로 투톤 분할시킬 경우에, 대조되는 컬러로 매치하면 세로로 높아 보이고 비슷한 컬러로 매치하면 가로로 넓어 보인다. 예를 들어 벽 아랫단은 아쿠아 블루로, 벽 윗단은 옐로로 하면 천정이 훨씬 높아 보이지만 벽 윗단을 터키 블루로 하면 공간이 넓어 보이는 효과를 얻을 수 있다.

거실은 집 안 분위기를 결정하는 가장 중심적인 곳이라 가구를 꽉 차게 배치하는 것은 금물이다. 거실이 좁다면 테이블을 생략하고 소파 옆에 작은 사이드 테이블을 두어 편리함을 도모한다. 대신 소파 사이 바닥에는 러그를 깔아주면 푸근한 느낌이 강하다.

거실과 부엌 혹은 방 사이에 턱이 없이 같은 바닥재 마감으로 되어 있으면 공간이 연장되어 보여서 훨씬 넓어 보이며 유리나 아크릴 소재의 투명한 테이블 등의 가구는 바닥이 그대로 들여다 보여 거실이 넓어 보인다.

소파나 1인용 암 체어는 단색의 밝은 컬러가 편안한 느낌을 주고 사이드 테이블에는 테이블 램프로 부분 조명을 주어 더욱 포근한 분위기를 연출한다. 밖에서도 이 부분 조명이 집안을 따뜻하게 보이게 한다.

큰 거울은 간단하게 그 공간을 스타일리시하게 꾸며주고 또 넓어 보이게 하는 똑똑한 소품이다. 거울이 놓여진 위치나 놓인 각도에 따라 보이는 사물이 다르므로 그것에 유의해서 거울을 놓도록 한다. 인테리어 컨셉에 따라 에스닉한 분위기에는 뿔이나 자개 프레임의 거울을, 모던한 인테리어에는 단순한 디자인의 블랙이나 메탈릭 프레임을, 내추럴한 분위기에는 나무 프레임을, 레트로적인 팝 인테리어에는 컬러풀한 프레임을 쓰면 더욱 훌륭한 소품 매치가 된다.

거실의 창은 집안 다른 곳과 비교해 가장 넓은 게 특징이다. 강한 햇빛을 부드럽게 투과시키는 정도의 보일(Voil)이나 시폰 등의 얇은 원단으로 얇은 주름을 풍성하게 만드는 넉넉한 길이의 커튼이 가장 잘 어울린다. 빛을 따뜻하게 투과시키니 집이 더욱 포근한 느낌이 들고 프라이버시도 지킬 수 있다. 해가 진 밤 시간에는 형광등 같은 전체 조명 대신 램프나 플로어 스탠드의 부분 조명으로 분위기를 낸다.

〈 Bed Room 〉

요즘 TV 드라마에 나오는 집들이 모두 비슷비슷한 인테리어처럼 보인다면 그것은 벽지의 영향이 크다. 요즘 많이 나오는 대담한 패턴의 울긋불긋한 벽지는 인테리어를 살려준다기보다는 눈살을 찌푸리게 한다. 해외 어디에도 이런 벽지는 사랑받지 않고 그렇다고 동양적인 무드를 지닌 것도 아닌데 왜 이런 벽지가 유행하는지 모르겠다.

트렌디하다고 권해주는 벽지를 고르는 대신 올리브 그린이나 그레이, 스카이 블루, 화이트 등의 부드러운 컬러의 벽지나 페인트로 벽을 마감한다. 색다른 벽의 연출을 원한다면 침대의 헤드가 있는 쪽에 다른 색 벽지나 페인트로 마감하는 것도 한 방법. 방이 좁다면 가로줄로, 천정이 낮다면 세로줄로 효과를 준다. 전체 방 컬러 톤에 맞춰 패턴을 넣는 것도 좋다.

침대보의 패턴이나 컬러가 침실 분위기를 결정한다. 침대보의 컬러가 벽지 컬러와 비슷하다면 방 크기가 확대되어 보이는 효과를 얻을 수 있고 어두운 컬러는 고급스럽고 차분해 보인다.

침실이 좁다면 침대의 헤드는 생략한 매트리스 침대가 좋다. 대신 머리맡 벽에 폭이 좁고 너비가 긴 선반을 달아 사진을 넣은 액자를 올망졸망 놓는다면 가로의 선이 생겨 방을 넓어 보이게 한다. 따뜻하고 포근한 분위기를 위해 실키하고 부드러운 면이나 울 패브릭을 침대 커버로 활용하고 청결한 느낌에는 바스락거리는 뻣뻣한 면 소재의 시트를 커버로 이용한다.

기능성과 멋이 공존하는 공간별 인테리어

미혼과 유부녀의 쇼핑 품목이 다르듯, 나이에 따라 관심사와 쇼핑 품목이 바뀌기 마련이다. 20대는 외모 꾸미기에 관심이 많다. 예쁜 옷과 헤어스타일에 눈길이 간다. 30대가 되면 자동차나 고가의 의류, 액세서리 등에 투자하기 시작한다. 그리고 경제적으로 안정이 되고 싱글 라이프에 익숙해지면 자신의 공간에 집중하고, 예쁜 옷보다는 질 좋은 베드 스프레이나 타월 등 집안 용품 쇼핑을 즐긴다.

공간을 꾸밀 때는 스타일과 멋도 중요하지만 공간의 기능성을 염두에 두어야 한다. 각 공간별 기능과 컨셉을 결정하고 그 특징을 살려 공간을 꾸며준다면 훨씬 아늑하고도 편안한 주거 공간이 될 것이다.

편안한 공간, Bed Room

인간의 일생 중 삼분의 일은 침실에서 보낸다. 그만큼 잠은 매우 중요한 일로 다음날 활동의 원동력이 된다. 따라서 침실은 편안한 수면을 위해 침대와 침구류, 조명과 커튼이 중요하다.

창문을 가리는 것으로는 커튼이나 버티컬, 블라인드, 로만셰이드 등 종류가 다양한데 가구나 벽지의 분위기, 인테리어 컨셉이나 비용, 창문의 모양 등에 따라 어울리는 것이 다르다.

다만 침실 천정이 높아 보이기 위해서는 커튼의 패턴은 세로로 긴 스트라이프가 좋다. 컬러풀한 패턴은 벽에 생기와 리듬을, 벽과 동일한 컬러의 블라인드는 벽을 팽창하는 시각적 효과가 있어 넓어 보인다.

뭐니뭐니해도 침실 벽은 화이트 컬러 톤이 신선하고 차분해 보인다. 대신 가구 색에 따라 바닥 컬러를 정한다. 화이트 컬러로 마무리된 방에는 침대나 화장대 역시 화이트 컬러가 좋다. 대신 침대보나 쿠션, 커튼에 컬러를 달리해 리드미컬하게 연출한다. 침대 옆 사이드 테이블에는 반드시 작은 스텐드를 놓아준다. 부분 조명은 편안한 수면으로 유도하며 인테리어 효과도 만점이다. 침대에는 흔히 발을 디디는 곳에 러그를 깔아주는데 과감히 러그를 생략하는 것이 호흡기 건강에도 좋고 바닥이 넓어 보이는 효과도 있다.

가을이나 겨울철에는 붉은 계통의 따뜻한 컬러의 침대보로 침대를 꾸미고 봄이나 여름에는 옐로, 오렌지, 그린, 블루 계통의 시원한 컬러로 침대보를 선택한다. 침대 다리가 예쁘면 과감히 다리를 드러내고 침대 바닥에는 라탄 바구니나 박스를 넣어 빈 공간을 활용한다.

최근 내가 본 침실 중 가장 기억에 남는 곳은 보끄레 머천다이징의 VMD 팀장으로 활약하는 정재옥이 사용하는 침실이다. 그녀의 집을 처음 방문했을 땐 정말 이곳 저곳 구석구석 구경하느라 정신이 없을 정도였다. 그녀는 집에서의 일과 중 가장 많이 사용하는 장소는 거실과 서재임에 착안해 넓은 안방을 서재로 만들고 거실 역시 실용적이지만 아늑하게 꾸몄다. 서재 벽에는 원목 나무판을 잘라 칸칸이 붙여 책꽂이처럼 사용했고 한쪽엔 소파와 테이블, 빈티지 장을 놓아 손님이 와도 서재에서의 다과가 가능하도록 했다.

잠만 자는 침실은 다른 곳보다 매우 소박했다. 여동생과 함께 쓰던(지금은 출가했

다!) 침실은 싱글 배드 두 개가 들어가는 비교적 작은 방이었는데 요즘은 다들 큰 침대를 써서 구하기 어려운 싱글 침대를 어렵사리 구해 놓고 아일렛 레이스로 장식된 흰 배드 스프레드를 깔고 어릴적부터 간직한 봉제인형과 앤티크한 패턴의 쿠션을 놓았다. 마치 예전에 어느 동화책에서 읽었을 법한 바로 그런 로맨틱한 침실이 그녀의 침실이었다.

맛있는 공간, Kitchen

음식을 자주 해먹지 않는 싱글이라면 부엌은 있으나마나다. 그러나 스타일리시하게 세팅된 부엌이 있다면 자주 출입하고 싶을 것이다. 그러면서 자연스럽게 몸에 좋은 먹거리에 대한 욕심도 생길 듯. 혼자 사는 사람일수록 자신의 건강은 자기가 챙겨야 하므로, 영양 보충을 할 수 있는 한 두가지 요리 정도는 만들 수 있어야 한다. 그러려면 부엌에 친해져야 한다.

부엌은 건강과 직결되는 곳이므로 청결이 우선이다. 후드나 렌지, 냉장고, 창가, 싱크

대 구석구석 먼지나 기름때를 정기적으로 제거해주어야 한다. 음식물이 닿게 되는 도마나 싱크대 위, 가스 렌지, 냉장고 등도 살균 소독제로 수시로 닦아주어 위생에 신경 쓴다. 최근 사먹는 음식물에서 이물질이 많이 발견되는데 집에서 먹는 음식이라고 안심할 수는 없다. 세균 번식을 막고 소독을 철저히 한다.

부엌은 집 안에서 가전 제품이 가장 많이 놓이는 곳이다. 냉장고와 가스 렌지, 전자레인지, 전기포트, 토스터, 믹서, 커피메이커, 와인냉장고, 식기세척기, 건조기, 오븐, 음식물 건조기 등 라이프스타일에 따른 편의 조리기구가 수없이 많이 필요하다. 인테리어 컨셉을 고수하기 위해서는 가전 제품 역시 컨셉에 어울리게 선택할 필요가 있다. 너무나 다양한 브랜드, 다양한 디자인 중에서도 부엌에서 쓰는 가전으로는 화이트 컬러나 실버 메탈의 제품이 가장 좋다. 실증도 나지 않고 가스 렌지의 알루미늄 철판이나 싱크대와도 어울리기 때문이다. 50년대 미국 가정에 있었던 것 같은 레트로 스타일의 메탈 가전 역시 싫증나지 않고 멋스럽게 사용할 수 있다.

보통 부엌이 지저분해 보이는 이유는 오래된 바가지와 통일되지 않은 냄비 때문이다. 기념품이나 덤으로 받은 바가지는 과감히 치우고 알루미늄이나 깔끔한 투명 플라스틱 볼과 알루미늄 냄비를 사용하면 한결 깔끔한 부엌이 될 것이다.

부엌 벽의 마감재로는 전통적으로 사랑 받는 타일이 가장 좋다. 물이나 음식물이 튀기 쉬운 부엌 벽에는 가장 위생적이기 때문이다. 새로운 느낌을 원한다면 메탈 타일을 붙여본다. 거실의 거울처럼 넓어 보이고 깔끔해 보이는 효과를 얻을 수 있다.

싱크대 바닥에는 이례적으로 알루미늄 철판을 깔아본다. 특수시공이 필요하기는 하지만 특유의 무늬가 미끄럼을 방지하고 알루미늄 소재라 부식되지 않고 청소도 용이하다. 청계천 3가 근처에는 알루미늄 판을 판매하는 곳이 많아 사이즈 별로 주문이 가능하다.

싱크대 위나 부엌 한 쪽 벽에는 선반을 달아 유리컵이나 같은 사이즈의 접시 조미료, 커피, 티 등을 일렬로 늘어놓는다. 조미료나 간장, 고춧가루 등은 따로 작은 유리병에

담아 일렬로 세워두면 사용하기도 좋고 그것 자체로 훌륭한 디스플레이 효과가 있다. 나는 대형 할인점에서 파스타를 사오면 이 역시 별도의 유리 용기에 각각 담아 선반에 올려놓는다. 각각 다른 모양의 파스타가 소박하면서도 정겨운 디스플레이 소품으로 활용된다.

싱크대 개수대와 위 선반과는 보통 50~70센티미터 정도의 빈 벽이 있거나 작은 창이 있다. 선반 장 밑에 철제 봉을 싱크대 크기에 맞게 달면 여러가지 유용하고 사용할 수 있다. S자 형태의 걸고리를 일렬로 달아 국자나 뒤집개, 병따개, 강판, 깔때기, 냄비 받침 등을 달아놓을 수 있는데 싱크대 어딘가에 꽂아두는 것보다 데드 스페이스(dead space)를 활용하기 좋다. 작은 창이 있다면 반 정도 가리는 주름진 흰 앤티크 커튼을 달아주면 창가로 비추는 햇살을 막기도 하고 또 로맨틱한 공간이 될 것이다. 작은 화분 하나 놓아주면 더욱 좋다.

**사적인 공간,
Bath Room**

나는 부모님과 함께 살던 어린 시절부터, 이사하면 내가 주로 사용할 화장실을 내 방보다 더 정성들여 정리했다. 변기 위쪽이나 세면대 위쪽 공간에 향긋한 아로마 초나 오일 등을 두고 초 밑에는 손뜨개 레이스 받침을 깔았다. 샴푸, 린스, 헤어 로션 등은 자주 사용하는 물건이므로 욕조 근처에 수납 선반을 마련해 가지런히 두고 심지어 샴푸와 린스도 디자인이 세련된 것을 골라 그것조차 인테리어 요소로 활용했다. 보통 옛 어르신들은 어느 기념회나 모임에서 받은 글씨가 새겨진 수건을 세면 수건으로 사용하지만 욕실의 인테리어를 위해 베이지나 포도색 혹은 밝은 남색 등 컬러의 수건을 비치해 세련되게 꾸몄다.

바쁠 때는 엄두도 내지 못하지만 욕조에 더운 물을 가득 받아 아로마 입욕제를 섞고 욕조에 몸을 담궈 책을 읽는 목욕 시간을 무척 좋아한다. 어떨 때는 라디오를 틀어놓기도 하고 잔잔한 음악을 BGM으로 깔기도 한다. 휴대폰이 쉴 새 없이 울리고 집 안과 밖에 여러 가지 소음이 들리는 도시 생활에서 외부와 단절된 목욕 시간은 나에게 사막의 오아시스와 같은 활력을 준다. 이런 고마운 공간이라면 당연히 내 방보다 더욱 신경 써서 꾸며야 한다.

가장 프라이빗한 공간인 화장실을 편안하고 스타일리시하게 가꾸기 위해서는 타일과 세면대, 욕조 디자인이 가장 중요하다. 세면대나 욕조 디자인이 둥글면 부드러운 느낌이 각지면 모던한 느낌이 든다. 욕조 주변에는 선반을 마련해 층층이 수건이며 두루말이 휴지며 샴푸와 린스 등 목욕용품을 가지런히 정렬해두는 것만으로 스타일링이 될 수 있다. 선반이 없는 경우 세면대 밑에 라탄 바구니를 켜켜이 쌓아 수건 등을 넣어놓고 수납함으로 활용한다. 드라이기나 면도기 등 지저분한 선이 있는 가전제품도 따로 라탄 바구니에 담아 깔끔하게 유지한다.

화장실에서 메이크업을 하거나 수염을 깎는 등이 미용 활동을 하는 사람이 많기 때문에 작은 제품이 여기저기 돌아다니기 쉽다. 그럴 땐 아예 낮고 넓은 접시를 두고 제품들을 모아두면 훨씬 깔끔하게 화장실을 사용할 수 있다.

쓰레기통과 청소도구는 디자인을 고려해 세련된 것을 구비한다. 흔히 욕실 용품은 쓰던 것을 계속 방치하고 사용하는 경우가 많은데 인테리어를 위해서는 값비싼 가구를 사느니 이런 소품을 바꾸는 것이 훨씬 낫다. 바닥에는 물이 고이지 않도록 샤워 커튼을 활용해 씻고 물이 고이면 이내 닦아주도록 한다. 바닥에는 슬리퍼대신 화장실용 매트를 깔아놓으면 보다 청결하고 세련되게 이용할 수 있다.

화장실이 낡아 보이는 이유는 목욕용품과 샤워 커튼, 칫솔과 비누통, 거울의 물때 때문이다. 세척 기능으로 물때가 묻기 쉽기 때문에 샤워나 목욕을 하면서 항상 닦아주는 습관을 가진다면 항상 새 것처럼 유지할 수 있다. 샤워 커튼은 정기적으로 떼어 솔과 세제로 곰팡이를 닦아주고 낡으면 새 것으로 교체한다.

화장실 거울이나 작은 창에는 요즘 유행하는 시트지로 인테리어에 활력을 준다. 시트지를 판매하는 인테리어 사이트에서는 좋아하는 문구대로 커팅을 해준다거나 새나 나무, 꽃 모양으로 잘라준다. 이런 모양의 시트지를 타일이나 창문, 거울에 붙이면 독특한 화장실이 탄생할 것이다.

인테리어 소재, 나무

요근래 자기가 원하는 스타일의 가구를 직접 만들어 쓰는 사람들이 늘고 있다고 한다. 취미 생활로 시작한 가구 DIY 솜씨가 늘어 전문가급이 된 것이다. 가구 만들기는 싱글들에게 좋은 취미라고 생각한다. 시간이 오래 걸리는 단점이 있지만, 처음부터 너무 욕심내지 말고 자신만의 완제품을 만들다보면 나무와 친해질 수 있을 것이다. 굳이 가구 만들기를 하지 않더라도 나무에 대해 잘 알고 있으면, 인테리어를 보는 눈이 달라진다.

요즘 가장 떠오르는 건축, 인테리어 자재는 나무이다. 가장 오래되고 가장 기본적인 자재이지만 자연친화와 웰빙 바람을 타고 인기 자재로 급부상했다. 나무는 톤이나 컬러가 매우 다양하고 어디에나 잘 어울려 전문가들도 좋아하지만 인테리어 초보자에게도 사랑받고 있다. 반듯반듯 차가운 느낌의 이탈리아 가구나 앤틱하고 웅장한 바로크 스타일의 가구가 싫증난다면 심플하고 내추럴한 나무 소재를 이용해 공간을 꾸며

보자. 나무에도 여러 가지 종류가 있으니 다양한 연출이 가능하다.

고재(高材) 고재는 단어 그대로 오래된 재목이라는 뜻으로 오래된 나무를 다시 활용해 가구나 인테리어 마감재로 사용하는 것을 뜻한다. 주로 오래된 가옥이나 건물에서 나오는 폐목을 활용하는데 마루나 테이블, 문, 의자 등 여러 가구에 광범위하게 사용된다.

별다른 처리없이 만드는 고재는 새 나무로는 흉내낼 수 없는 자연스러운 색과 질감을 내기도 하고 수년 간 자연 건조가 되어 튼튼하고 뒤틀림 걱정이 없다. 고재는 일반 나무에 비해 희귀하기 때문에 가격이 좀 더 비싸다.

요즘엔 장안평이나 인사동 등지에서 쉽게 고재 가구를 구할 수 있는데 그것이 오리지널 고재인지 알아보기는 전문가도 힘들 때가 많다고 한다. 때문에 속아 구입하지 않을 센스와 눈썰미가 필요하다. 손쉽게 구별하는 법은 고재 가구를 뒤집어 바닥을 확인하는 것이다. 상판은 소나무 고재를 사용해도 바닥에는 다른 나무를 덧댈 수도 있고 보이는 곳에만 고재 흉내를 내기도 한다.

한국의 오래된 가옥에서 나온 고재가 가장 비싸고, 중국 고재, 고재를 흉내내기 위해 일반 나무에 그을리고 말리기를 반복한 소재 순으로 가격 차가 난다.

고재 가구나 원목 가구가 많다면 실내가 건조하지 않도록 가습기를 틀거나 나무를 배치하는 등 습도에 주의해 나무가 말라 뒤틀어지지 않도록 한다. 고재 가구는 손때를 묻혀 자연스럽게 낡은 느낌이 나는 게 멋스럽다. 윤기가 나도록 닦아주는 것도 좋다.

천연 원목 나무 종류에 따라 무늬나 색, 질감, 느낌이 전혀 다른 분위기를 연출할 수 있기 때문에 사랑받는 재료다. 촉감이 좋고 자연스러워 쉽게 싫증이 나지 않는 것도 장점. 보통 많이 사용되는 원목 재료는 참나무, 티크, 장미목,

단풍나무, 호두나무, 자작나무, 물푸레나무 등이 있다. 원목 재료는 가격도 만만치 않고 무게도 무거워 집성목, 합판이나 무늬목, MDF 등을 대안 자재로 쓰기도 한다.

최근에는 특히 홍대 앞이나 압구정동 가로수길 등지에 원목 가구로 꾸민 카페나 레스토랑, 상점이 많이 트렌드로 자리잡는 추세. 우리나라에서 사랑받는 스타일은 프로방스 분위기로 꾸민 일본풍이 대부분이다.

포토그래퍼 조남룡은 서울 근교에 집을 지으면서 직접 시공에 참여하고 가구도 만들게 되면서 가구의 매력을 느껴 가구 목공소를 오픈하기도 했다. 역시 감각은 하나로 통하는 것일까. 네팔이나 히말라야 등의 오지에서 찍는 사진을 좋아하는 그의 성향은 거칠고 투박한 나무의 느낌과 잘 어울린다.

나는 홍대 앞 가구 제작소를 자주 이용하는 편이다. 직접 흰 종이에 연필로 가구 도면을 그리고 사이즈를 어림잡아 제작소에 찾아가면 그곳의 디자이너가 현실적으로 제작하는데 필요한 어드바이스를 해준다. 두께가 두꺼운 나무를 이용해 만들면 무겁고 비용도 많이 들지만 그만큼 튼튼하고 고급스러운 가구가 만들어진다.

합판 천연 원목을 가공한 것을 합판이라고 한다. 목재를 얇은 판으로 만들어 여러 장을 붙여 단면을 보면 원목과 합판을 쉽게 구분할 수 있다. 합판은 가공된 원목을 사용하기도 하고 조각을 이어 붙이기도 해서 가격도 원목보다 저렴하고 갈라지거나 휘는 등의 천연 원목의 단점을 보완하기도 해서 실생활에는 오히려 이용하는데 부담이 적다.

합판은 원목과 달리 두께의 제한이 있다. 1밀리미터의 아주 얇은 것부터 최대 30밀리미터 두께까지 있다.

합판은 가공하기 용이해서 여러 가지 스타일로 이용된다. '섀비 시크'라고 해서 일부러 바랜 듯 희끗희끗하게 페인트를 칠하는 타입도 인기를 끌고 있지만 개인적으로는 인위적으로 효과를 준 '섀비 시크' 스타일보다는 자연스러운 나무색을 그대로 사용해 사용하면서 손때로 색이 조금씩 짙어지는 원목 느낌이 훨씬 좋고 더 세련된 것 같다.

포토그래퍼 김한준의 럭스 스튜디오 지하에는 그만의 작은 공간이 있다. 내가 가장 좋아하는 공간은 얇은 합판을 벽에 붙여 직접 찍은 사진을 캔버스에 프린트해서 붙여 놓은 공간이다. 노출 콘크리트의 투박한 느낌과 나무의 자연스러움은 가장 잘 어울리는 인테리어 소재다.

요즘 가장 핫한 인테리어 마감재로 떠오른 자작나무 합판은 천연 원목보다 가격이 훨씬 비싸다. 튼튼하고 자연스러운 결이 특징이고 가공이 되어 있어 부패와 습기를 방지하고 항균 효과가 있다. 일반 MDF와는 달리 아토피 환자에게도 효과적이라고 한다.

Where to Shop   친구들의 독립 공간, 신혼 살림 꾸미기에 항상 조언해주는 인테리어 사이트와 매장들.

인테리어 트렌드를 알려면?

www.establishedandsons.com 밀라노 가구 박람회에서 트렌드를 선도하는 소파나 테이블, 의자의 세련된 디자인을 만나볼 수 있다.

www.rylandpeters.com 요즘 인테리어 트렌드로 각광받는 정크 스타일의 인테리어 무크지를 발간하는 잡지사의 사이트. 프렌치, 스칸디나비안 스타일의 시크한 인테리어나 재활용 아이디어 화이트 데코레이션 등에 관한 인테리어 책이 매우 유용하다.

www.carden-cunietti.com 모던하면서도 편안한 인테리어 철학을 보여주는 인테리어 회사. 영국판 〈엘르 데코〉의 인테리어가 우리나라 사람들의 정서에 잘 맞는데 이 회사의 인테리어 작품이 〈엘르 데코〉나 〈하우스&가든〉에 자주 실린다.

www.hay.dk 단순하면서도 치밀하게 계산된 디자인이란 어떤 것인지를 단적으로 보여주는 사이트. 가장 핫한 산업 디자이너의 의자나 소파 등 가구 작품을 볼 수 있다.

www.flos.com 조명에 관한 최신 트렌드를 알 수 있는 사이트. 복고적인 디자인보다는 미래적이고 모던한 이탈리아 스타일의 조명이 주를 이룬다.

www.plusminuszero.jp 무인양품의 환풍기 모티브 CD 플레이어 등 많은 화제작을 만든 디자이너 후카사

나오토가 만든 브랜드 '±0'. 후카사와 나오토는 집안 인테리어를 해치는 가전제품의 몹쓸 디자인을 바꾸고자 이 브랜드를 만들었다고 한다. 아이디어가 기발한 제품들을 보고 있노라면 디자인 선진국 일본이 부러워진다.

생활 소품을 구입하려면?

www.icietla.co.kr 아이디어 가득한 생활 소품과 가구를 판매하는 사이트. 모던한 디자인의 시계나 부엌용품이 돋보인다.

www.ikeacollection.co.kr 스웨덴의 저렴한 인테리어 제품 브랜드인 IKEA 제품을 수입하여 판매하는 사이트로 가구부터 소품까지 없는 게 없다. 다른 사이트에 비해 저렴한 편이며 가구 조립 서비스가 있어 이용이 편리하다.

www.undertt.com 트렌디한 예쁜 그릇이나 소품을 판매하는 사이트.

www.bombomhouse.com 일본에서 수입하는 깔끔한 그릇을 판매하는 사이트.

www.sticknspoon.com 직접 그린 일러스트와 찍은 사진이 매우 감각적인 사이트. 법랑 냄비나 디저트 볼을 구입할 수 있다.

www.houseofhouse.co.kr 영국의 앤슬리, 웨지우드, 포트메리온 등 수입 도자기를 판매하는 사이트.

www.raneehome.com 노리다케, 로얄 던튼 등 명품 식기 브랜드의 우아한 티 웨어와 테이블웨어 등을 판매.

www.wowweles.co.kr 일본에서 직수입한 프로방스 스타일의 소품을 파는 사이트.

www.demistyle.com 로맨틱하고 고급스러운 인테리어 소품들과 앤틱 가구를 판매하는 곳.

www.designgoods.co.kr 감성에 맞는 자질한 인테리어 소품이 다양한 곳.

www.oneroomdeco.com 작고 아담한 공간에 맞는 상품을 주로 판매하는 홈 인테리어 쇼핑몰.

Chip & Chic   저렴하면서도 베이직하고 시크한 인테리어 자재와 소품을 구입할 수 있는 재래 시장.

생활 소품을 구입하려면?

고속터미널 지하상가   액자와 조화, 저렴한 가구, 생화를 구입하기 좋다. 스푼, 포크, 조미료통, 쟁반, 휴지통, 매트 등 웬만한 생활 소품을 원스톱 쇼핑할 수 있는 곳이다. 라탄이나 등나무 가구와 소품 역시 종류도 많고 저렴하고 화병도 이곳에서 구입하면 다양하면서도 저렴하다.

을지로 타일 상가   타일은 생각보다 훨씬 고급스럽고 유니크한 인테리어를 할 수 있는 마감재로 을지로 타일 상가가 시중가보다 저렴하고 제품도 다양하다. 타일 외에도 가구 리폼용 손잡이나 테이블·의자 다리 등을 구할 수 있다. 을지로 4가 방산시장 쪽에선 벽지도 저렴하게 구입할 수 있다. 바닥재·벽지·페인트 등을 취급하는 도매점이 밀집해 있으며 원하면 시공도 가능하다.

을지로 4가 철물점 거리   논현동 학동역 부근의 철물점들은 크고 세련된 디스플레이로 눈길을 끌지만 을지로 4가의 철물점이 훨씬 제품도 다양하고 가격도 저렴하다. 철물점에서 고리나 후크를 구입해 화장실 문이나 선반 등에 직접 달아보자. 옷이나 수건, 가방, 우산을 걸기에 좋다.

남대문 대도 E동 3층 꽃상가   E동 3층 꽃상가는 꽃도매로도 유명한 시장이지만 트렌디한 카페 소품으로 쓰면 좋을 아기자기한 소품을 파는 곳으로도 유명하다. 특히 일본에서 수입하거나 그와 비슷한 분위기의 제작한 방석이나 행주, 커튼, 이불, 수건, 시계, 그릇, 인형 등 여러 가지를 구입할 수 있다. 반드시 한 번쯤 가보면 좋을 곳.

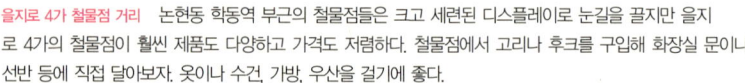

가구를 구입하려면?

http://blog.daum.net/thehouse   내가 쓰는 사무실의 모든 가구를 주문 제작한 곳. 내추럴하고 정감있는 가구를 저렴하게 맞출 수 있다.

www.myfurniturecafe.co.kr   직접 주문 제작하는 원목 가구점. 외국 잡지에서 본 인테리어 소품이나 가구를 주문 제작하기도 한다.

www.woodworkshop.co.kr   다양한 친환경 원목 가구를 주문 제작할 수 있는 사이트. 방배동에 오프라인 매장이 있다.

www.vinehome.co.kr   로맨틱한 화이트 가구와 내추럴한 프로방스풍 가구.

www.daisys-room.com   손때가 묻을수록 멋이 살아나는 앤티크 가구나 앤티크 레이스, 소품 등을 파는 사이트.

www.sugarhome.com   공주 풍의 화이트 앤틱 가구, 인테리어 코디네이터의 쇼핑몰.

www.fromdeco.com   낡은 듯 멋스러운 정크와 섀비시크 스타일을 위한 곳.

www.market-m.co.kr   내추럴한 원목 가구와 앤티크한 소품을 파는 곳. 가드닝 아이템도 판매하며 홍대 앞에 오프라인 매장이 있다.

www.artfond.co.kr   고재 가구를 다루는 예나무에서 오픈한 갤러리 청담에는 손때가 묻은 듯한 테이블이나 서랍장, 식탁 등이 전시되어 있다. 고가구는 처음 볼 때는 자칫 나이 들어 보이는 인테리어가 될까 고민스럽지만 막상 사용하면 그만큼 정겹고 어디든지 잘 어울리는 것이 없다.

www.sedec.co.kr 인테리어 트렌드를 살펴볼 수 있는 대형 매장. 신사동과 분당에 오프라인 샵이 있으며 여러 가지 다양한 컨셉의 가구와 소품을 구입할 수 있다. 수입 벽지와 원단도 판매한다. 감각을 유지하기 위해 일부러 가끔씩 들리는 곳.

데코레이션으로 집안 분위기를 변신하려면?

www.alii.co.kr 직접 디자인하여 제작한 시트지를 판매하는 사이트. 심심한 벽이나 유리창 등에 손쉽게 붙일 수 있고 가격이 저렴해 요즘 인테리어 방법으로 각광받고 있다.

www.jhomes.co.kr 패브릭으로 집안 분위기에 변화를 주는 법을 알려주는 사이트.

www.2001outlet.com 모던 하우스라는 저렴한 인테리어 소품 브랜드를 판매하는 곳. 화분, 꽃삽에서부터 침대 시트, 소파, 장롱까지 가정에 필요한 모든 인테리어 소품을 한번에 구입할 수 있다. 소품을 여기저기서 구입하면 하나의 컨셉트로 일관하기 힘든 반면 전문점에서 한꺼번에 구입하면 일관된 스타일을 유지할 수 있어 좋다.

www.sonjabee.com 목재, 공구에서부터 덧신, 발매트까지 다양한 인테리어 제품을 구비하고 있는데다 가격도 저렴하다.

www.cozycotton.co.kr 퀼트 벽걸이, 칠판, 정원가꾸기 도구, 컨트리풍 목재 가구 등을 판매한다.

www.hueart.co.kr 포인트 벽지나 스티커, 사진이나 그림부터 롤스크린, 벽지 등 벽을 꾸밀 수 있는 모든 재료들을 판매한다.

나무와 꽃으로 포인트 살리기

싱글로 오랫동안 혼자만의 라이프스타일을 고수하다보면 누군가와 공간을 나눠 쓰는 일에 불편함을 느끼게 된다. 그것이 돌봐야 하는 것이라면 더더욱.
싱글이 생활하는 공간이 가족이 사는 공간에 비해 삭막하거나 딱딱해 보이는 것은 '생명체'가 없어서일지도 모른다. 작은 화초나 선인장 하나만 놓아도 공간이 달라진다는 것을 알지만, 제대로 키울 자신이 없어 애당초 시도하지 않는 경우가 많다.
집안을 꾸밀 때 가장 먼저 혹은 가장 마지막으로 갖추었으면 하는 것은 바로 나무다. 테이블이나 식탁, 책상, 책장, 소파나 침대 등은 사용하는 사람의 기호나 성능, 라이프스타일에 따라 달라지지만 나무 등의 식물은 어디에나 잘 어울리기에 실패하는 법이 없다.
요즘 나무나 천연 소재로 인테리어를 하는 경우 나무를 담는 화분은 하얀 도기나 갈색의 테라코타가 잘 어울린다. 이미 몇 년 전 세계 주요 도시의 트렌디한 장소로 자리잡은 부티크 호텔이나 리조트에서는 테라코타 화분에 담은 나무로 인테리어를 하는 방식을 사용하고 있다.
나무는 매우 똑똑해서 여러 가지 역할을 하는데 삭막한 인공적인 집안 환경에 푸르

름과 싱그러움을 더해 스트레스 해소에도 좋고 광합성 작용을 통해 이산화탄소를 마시고 산소를 내뿜는다. 살아 숨쉬기 때문에 자연적으로 실내 온도를 조절하기도 한다. 나뭇잎이 마른다면 내 얼굴 피부도 말라가고 있다고 생각하면 된다. 거실의 커다란 창 앞이나 부엌, 베란다 등 햇빛이 충분히 잘 드는 곳이라면 나무를 놓기 좋은 장소이다.
나무를 집 안에 들이면 좋은데 잘 키울지, 잘 자랄지 걱정이 앞선다. 그러나 고무 나무, 팔손이, 테이블 야자, 벤자민, 아디안텀, 안스리움, 아이비, 필로덴드론 등 비교적 키우기 쉬운 나무나 화초는 여름철에는 일주일에서 열흘, 겨울철에는 열흘에서 보름에 한 번씩 흙이 흠뻑 젖을 만큼 물을 충분히 주는 것으로 너무나 잘 자란다. 다만, 물을 과도하게 주면 오히려 시들 수 있고 직사광선에 갑자기 내놓으면 나무도 화상을 입을 수 있으니 주의할 것. 나무가 집안에서 자라면 햇빛이 비추는 쪽으로 잎이 무성하게 나는데 조금씩 화분을 돌려주어 햇빛을 골고루 받도록 한다.
나무에 물을 주는 시간은 오전이 좋으며 1~2년에 한번씩 흙갈이를 해주거나 영양제를 주면 더욱 잘 자란다. 봄이 되기 전에는 시들거나 오래된 가지를 쳐 내어 새순이 잘 돋도록 돕는다. 식물끼리 함께 두거나 작은 화초는 비슷한 습성을 가진 화초끼리 큰 화분에 함께 모아 키우면 더욱 잘 자란다. 나무나 화초를 살 때는 파는 사람을 귀찮게 할 필요가 있다. 나무 키우기에 필요한 여러 가지 정보를 듣고 화분에 각각 메모해 두는 것도 한 방법이다.

〈 인테리어 효과 높이는 화초 가꾸기 〉

고무 나무 요즘 가장 인기있는 실내 식물인 고무 나무는 고무와 비슷한 라텍스 성분의 가죽처럼 질기고 짙은 녹색의 잎에서 그 이름이 유래되었다. 카페트나 페인트, 접착제에서 나오는 포름 알데히드 등의 유해성분을 분해하는 능력이 탁월해 관상 뿐 아니라 정화 식물로 사랑받고 있다. 빅토리아 시대부터 영국에서 가장 인기있는 실내 식물이기도 하다. 직사광선을 피하고 통풍이 잘되는 곳에 놓아두면 어려움 없이 잘 자란다. 일주일에서 열흘에 한 번 겉흙이 마르면 충분히 물을 주고 잎의 먼지를 자주 닦아주고 잎에도 스프레이로 물을 준다. 비료는 여름에 한 번 주면 좋다. 뱅갈 고무나무, 인도 고무나무 등 종류가 다양하다.

벤자민 우산처럼 가늘고 긴 나뭇가지 위에 펼쳐지는 가지와 잎으로 카페 인테리어에 자주 이용되는 관엽 식물이다. 실내 공기를 정화하는 능력이 탁월하며 키우기도 쉽다. 직사광선을 피해서 따뜻한 곳에서 기르는데 열대 식물이므로 잎의 수분이 마르지 않도록 주의하며 바람이 잘 통하는 곳에 둔다. 일주일에 한 번 겉흙이 마르면 물을 흠뻑 준다.

팔손이 한국, 일본, 동남아 등지의 바닷가의 산기슭이나 골짜기에서 자라는 나무로 잎이 8개로 갈라져 자라서 '팔손이' 라는 명칭이 붙었다. 다 자라면 2~3미터 크기가 되고 잿빛 나무 몸통에서 3~4개의 가지가 나고 각 가지에 4~7개의 잎이 자란다. 열매는 5월에 검게 익고 꽃은 흰색으로 11월에 핀다. 공해에 강하고 그늘에서도 잘 자란다. 일주일에 1회 정도 물을 흠뻑 준다.

율마 일본에서는 크리스마스 트리로 쓰일 정도로 잘 알려져 있지만 우리나라에 도입된 지는 얼마되지 않았다. 잎을 손으로 만지면 향이 가득 퍼지는 율마는 추운데서도 잘 자라는 침엽수의 일종이지만 햇볕을 많이 받고 통풍이 잘 되며 잎이 건조하지 않아야 잘 자란다. 물 빠짐이 잘 되도록 주의하고 겉흙이 마르면 물을 주는데 대게 여름에는 3~5일에 한 번, 겨울에는 5~7일에 한 번 정도 준다.

파키라 남아메리카가 원산지로 잘 자라면 2미터까지 커서 신록이 우거진 느낌을 들게 한다. 언뜻보면 팔손이와 비슷하지만 더 울창하고 쭉쭉 뻗은 느낌이 강하다. 꽃이 크고 아름다워 관상용으로 매우 인기있는 파키라는 햇볕이 잘 드는 따뜻한 곳을 좋아한다. 겉흙이 마르면 충분히 물을 준다. 실내의 이산화탄소를 없애는 정화능력이 탁월해 머리가 맑아진다.

스파티필룸 약 50센티미터의 대에서 손바닥보다 작은 잎이 나는 스파티필룸은 카라 같은 흰 꽃을 피운다. 집안의 습도에 따라 다르지만 겉흙이 살짝 마르는 1주일에 한 번 정도 물을 주면 초보자도 쉽게 키울 수 있는 관엽 식물이다. 물을 너무 많이 주면 잎의 색이 옅어지면서 시들해지고 잎대도 축 처진다. 햇빛이 비치지 않는 실내에서도 비교적 잘 자라며 햇볕에 놓아둘 경우 바로 옮기면 잎이 타므로 적응 시간을 주면서 햇빛으로 옮긴다. 공기 정화 능력이 뛰어나고 추운데서도 잘 견딘 부엌이나 현관에도 놓기 좋다.

특별한 날, 특별한 인테리어!
크리스마스 데코레이션

서양의 전통 행사가 이제는 온 세계의 축제가 된 날. 종교적으로 연연해하지 않는다면 크리스마스 데코레이션으로 따뜻한 연말 분위기를 즐길 수 있다.

연말이 다가오면 코스트코 등의 대형 할인 매장, G마켓이나 옥션, 인터파크 등의 대형 쇼핑몰 사이트나 작은 개인 인터넷 쇼핑몰에서 트리를 저렴하게 판매한다. 성인 키높이 만한 커다란 트리를 구입하고 트리에 달 오너먼트는 한두 가지 컬러로 정해 리본이나 볼을 구입한다. 초록색 트리나 화이트 트리 모두 레드나 골드 톤의 오너먼트가 잘 어울린다.

연말이 다가오면 해가 바뀌기 전에 한 번씩 만나자며 평소 자주 연락하지 못하던 친구들과 약속을 잡는다. 그 친구들을 만나면 반갑기 그지 없다. 이 모습을 오래 간직하기 위해 폴라로이드 카메라나 디지털 카메라로 얼굴을 클로즈업해 찍는다. 출력한 사진을 작은 나무 집게로 꽂아 트리에 걸면 그 역시 훌륭한 오너먼트가 된다.

연말 시즌의 꽃은 뭐니뭐니해도 레드다. 붉은 색이나 오렌지색 계열의 꽃을 집안 잘 보이는 곳에 꽂아두면 향기가 집안 가득 진동하는 듯하다. 크리스마스를 떠올리게 하는 사진이나 포스터를 방문에 걸어두는 것도 재미있다.

성탄 트리나 반짝이는 전구가 없어도 크리스마스 파티를 멋지게 할 수 있다. 작은 아이디어나 그 아이디어를 활용하는 약간의 부지런함만 있으면 얼마든지 비용을 줄이고도 훌륭한 데코레이션을 할 수 있다.

흔히 크리스마스하면 레드나 그린 컬러를 떠올리는데 화이트 톤의 밝은 천연 소재 패브릭으로 소품을 만들면 요즘 유행하는 내추럴 풍의 화이트 크리스마스를 연출할 수 있다. 리넨이나 펠트 등 작은 원단을 오리고 빈티지 단추를 장식해 리스를 만들거나 오너먼트를 만든다. 트리가 없으면 창문이나 테이블 위, 방문 손잡이에 걸어둔다. 파티를 좋아하고 손님 접대를 좋아하는 나는 추운 겨울이 되면 크리스마스가 한 달 이상 남았음에도 불구하고 호들갑을 떨며 크리스마스 트리를 장식한다. 압구정 갤러리아 꽃 코너나 청담동 플라워 샵 등에서 파는 크리스마스 트리 장식은 마치 〈마사 스튜어트 홈〉 잡지에 나오는 것처럼 세련된 것이 대부분. 그래서 그곳에 꾸며진 트

리의 세련된 오너먼트 장식을 유심히 살펴보고 트리 꾸미는 데 힌트를 얻는다. 그 다음에 나는 값비싼 오너먼트 대신 강남 고속터미널 지하나 남대문, 코스트코로 달려가 오너먼트나 리본을 골라본다. 그렇게 가지고 있는 오너먼트와 새로 산 오너먼트를 적절히 섞어 매년 조금씩 다른 느낌의 트리를 만든다. 거실 장 위에 향초는 크리스마스 분위기가 나는 펄이 잔뜩 묻은 레드, 그린 등의 원색 초로 바꾸고 크리스마스가 연상되는 장식물들을 올린다.

그리고 날을 잡아 조촐한 연말 파티를 기획한다. 바쁠 때는 주문 배달한 피자와 치킨, 샐러드를 예쁜 접시에 담아 다시 세팅하고 와인과 맥주를 준비한다. 몇 해 전엔 함께 만나 자주 일하는 촬영 스태프들과 자리를 가졌다. 집에 초대받은 손님들은 각자 마실 음료수나 맥주, 주전부리용 마른 안주를 사오곤 한다. 물론 바빠서 사오지 못한다 해도 문제없다.

연말엔 마음이 푸근해지는 빅밴드 재즈 음반을 틀고 형광등 조명보다는 초나 백열전구의 부분 조명을 활용한다. 폴라로이드 카메라와 필름을 준비해 사진을 찍고 서로에게 하고 싶은 덕담을 사진 밑에 써주면 더욱 훈훈해진다. 주문배달한 음식이나 편의점에서 구입한 하겐다즈 아이스크림으로도 얼마든지 트렌디한 레스토랑 이상의 분위기와 멋이 있다.

Chapter 4 / **Love Your Body**

Chapter 4 / Love Your Body

스타일리스트로 활동하다 보니 강연 의뢰를 심심치 않게 받는다. 행사 성격에 따라 다양한 내용을 강의 주제로 채택하지만 '스타일리시하기 위한 방법'을 가르치는 것이 대부분이다. 스타일리시하기 위해서는 이 책 내용처럼 조화를 이루어 이미지를 가꿔야 하겠지만 선행되어야 할 첫 번째 기본 과제는 아름다운 몸을 가꾸는 것이라고 하겠다.

아름다운 몸. 거창한 말이지만 속 뜻은 항상 건강하고 매력적인 몸을 뜻한다. 제아무리 값비싼 옷을 입고 전문가에게서 매니큐어와 패디큐어를 받고 헤어 스타일링과 메이크업을 한들 근력이라고는 전혀 없는 약한 몸에 푸석한 피부, 건조한 머리결이라면 외적인 스타일링이 무슨 소용일까.

흔히 20대 초반의 여성에게는 청바지와 화이트 톱만 걸쳐도 아름답다는 표현을 한다. 그건 그들이 가꾸지 않아도 건강하고 싱싱한 아름다움을 가지고 있기 때문이다. 나이가 들어도 스타일 아이콘 제인 버킨이나 로렌 허튼, 패티김처럼 아름답기 위해서는 일생 중 가장 건강하고 아름다운 20대 초반부터 자신의 몸을 가꿔야 할 것이다. 내 몸을 알고 사랑하고 배려한다면 아름다움의 길이 멀지 않을 것, 나를 가꾸기 위해서는 부지런해야 하고 최신 정보들도 알아야 하고 아름다움에 관한 나름의 철학도 있어야 할 것이다. 이 장에서는 스타일리시해지기 위해 첫 번째로 중요하게 생각했던 몸매 관리나 피부 관리, 메이크업에 대해 소개하려고 한다.

Make Your Good Body

스타일리시한 옷을 입기 위해서, 또는 옷을 스타일리시하게 소화해내기 위해서 몸매 관리는 필수다. 자신의 몸매가 슈퍼 모델 지젤 번천 같지 않다고 해서 슬퍼할 일은 아니다. 내 몸에 자신을 가지고 부지런히 관리를 한다면 그 자신감에서 나오는 '포스'가 슈퍼 모델의 타고난 몸매만큼 멋져지는 것이다.

아줌마는 왜 아줌마인가. 요즘은 그렇지 않은 세련된 아줌마도 많지만 역시 아줌마 하면 떠오르는 이미지는 출렁거리는 뱃살, 곱슬거리는 파마 머리, 브래지어 밑으로 보이는 등살, 건조해 보이는 손과 발이다. 아가씨와의 차이는 이것이다. 나이와 결혼의 유무가 아닌 것이다.

스타일링에 있어서 결혼이라든가 사회의 통념은 중요하지 않다. 나이 40세의 싱글 우먼은 사회적인 요구에 따라 아줌마식 헤어 스타일이나 의상을 고집할 필요는 없다. 건강하고 탄력있는 몸매와 윤기나는 피부와 모발은 싱글 우먼을 더욱 고급스럽고 매력적으로 보이게 할 것이다.

몸매 관리는 식이요법과 운동에서 시작된다. 이는 대입 시험 수석 합격자에게 '어떤 특별한 공부 비법이 있느냐?'는 질문에 '국·영·수를 중심으로 기본에 충실했다'

는 말처럼 지루하고 짝이 없는 대답이지만 그것은 동서고금을 막론한 진리이다.

식이요법 식이요법이라고 모두가 전문 웨이트 트레이닝 훈련을 하는 사람처럼 고되게 하는 것은 아니다. 자신의 체질을 파악하고 하루 필요한 열량과 영양을 골고루 분산해서 섭취를 하면 된다. 5대 영양소인 탄수화물, 단백질, 지방, 무기질, 비타민을 자연스럽게 식사로 섭취를 하기 위해서는 어느 한쪽으로 치우친 식사는 금물이다.

나는 먹는 것을 굉장히 즐기는 타입이다. 함께 맛있는 것을 먹으면서 교류하고 친분을 쌓는 과정에서 에너지가 생기고 스트레스를 풀며 정신적 유대감을 경험한다고 믿기 때문에 가족이나 친구들, 비즈니스 관계의 사람들과 모이면 어떤 것을 먹으러 갈지 신중한 편이다. 친구들과는 주로 육류를 즐기는 편이다. 나는 어렸을 때부터 '고기 반찬'을 좋아했던 것 같다. 기운이 없거나 의욕이 떨어질 때 고기를 먹으면 힘이 생겼으니 참으로 우스운 캐릭터다.

하지만 육류를 좋아한다고 다른 음식 종류를 싫어하는 것은 절대 아니다. 오히려 고기를 먹으면서 쌈이나 샐러드, 김치, 무채 무침, 마늘, 양파 등의 채소를 보통 때보다 더욱 많이 섭취하는 편이고 또 섭취하려고 노력한다.

튀김 요리도 좋아하는 편이라 고단백, 고지방, 고칼로리의 식단이 될 위험이 있지만, 대신 나는 좋아하는 것을 먹되 그 양을 조절하여 하루 필요한 칼로리를 넘어서는 식사는 하지 않기 위해 고민한다.

한국인의 식사 패턴으로는 밥이나 빵, 국수 등의 주 영양소인 탄수화물을 많이 섭취하고 기름진 것을 자주 먹지 않기 때문에 지방 섭취는 적은 편이다. 그러나 일을 하다 보면 아무래도 외식의 기회가 많을 수 밖에 없다. 레스토랑에서 메뉴를 고를 때는 좋아하는 고기나, 생선, 튀김, 밀가루 음식을 고르더라도 덜 단 것, 덜 느끼하고 담백

한 것을 선택해야 칼로리가 낮은 음식을 먹을 수 있다. 샐러드를 먹더라도 드레싱은 크리미한 싸우전드 아일랜드나 허니 머스터드 대신 레몬즙을 살짝 뿌리는 것으로 대신한다. 보다 싱겁게, 보다 담백하게, 보다 덜 달게 먹으면 위에도 부담이 덜 되고 칼로리 섭취도 훨씬 줄일 수 있다.

과일은 많이 먹을수록 좋다고 하지만 저녁 때는 아니다. 보통 전문가들은 취침 전 3~5시간 이전에 음식을 먹고 완전히 소화시킨 후 잠자리에 들라고 조언한다. 나의 경험상 이 원칙만 지킨다면 '밤에 뭘 먹어서 살이 찐다'는 핑계는 절대 댈 수 없다. 저녁으로 뭘 먹든 완전히 소화시키고 잠자리에 든다면 취침하면서 위장 운동을 하지 않아도 되니 몸도 편하고 숙면을 취할 수 있다. 다음날 공복감이나 포만감 등의 감각도 덜하니 규칙적인 적량의 식사를 할 수 있게 된다.

남들과 비교해도 많이 먹지 않지만 잠 자기 전 과일을 먹는다면 그것이 군살의 원인일 수 있다. 딸기나 포도, 참외, 복숭

아, 파인애플 등 단물이 많은 과일은 당이 많이 포함되어 있다. 우리가 움직임으로서 당을 에너지로 전환해서 사용할 수 있지만 과일 섭취 후 잠자리에 든다면 그 당은 쓰이지 않고 지방으로 전환되어 고스란히 저장된다. 그 지방은 어디로 갈까. 바로 우리의 허벅지나 옆구리, 배에 안착하게 된다. 정 배고프다면 단맛보다는 신맛이 느껴지는 과일인 그레이프 후르츠 등을 먹거나 칼로리가 거의 없는 토마토나 오이가 좋다. 하지만 채소나 과일에 들어있는 몸에 좋은 섬유질조차 소화 시간이 길어 숙면에 방해되니 가급적이면 삼가는 것이 좋다.

'나는 물만 먹어도 살이 쪄' 라고 말하는 사람들이 있다. 식사할 때 보면 깨작깨작 입만 대는 것 같은데 비만 클리닉에 상담을 받았다고 한다. 그런 사람들을 유심히 관찰해보면 알게 모르게 군것질을 많이 한다. 이렇게 해서 섭취한 음식물

은 내 몸에 절대 좋을 리 만무하다. 건강을 생각한답시고 탄산음료는 피하고 주스나 건강음료를 마신다고 해도 여기에는 화학적으로 만든 당분이 첨가되어 있다. 수시로 먹는 과자나 뻥튀기 역시 당이나 나트륨이 함유되어 있고 방부제나 색소 같은 몸에 해로운 성분이 가득하다.

먹고 싶은 음식을 무조건 참을 게 아니라 무의식적으로 먹는 군것질을 줄이고 음료수 대신 맹물을 마시는 것으로 1단계 몸매 관리는 성공한 셈이다. 그리고 가장 좋은 다이어트 식단은 어머니의 밥상이다. 정성을 다해 우리 식구 몸 건강을 생각해 만든 밥상에는 화학 조미료며 설탕이며 소금 같이 자극적으로 맛을 내는 성분은 최소한으로 하고 영양이 풍부한 제철 재료들로 맛을 내 정신적으로도 육체적으로도 이롭다. 적량의 식사를 자주해주면 폭식도 피하게 되고 허기가 덜하니 군것질도 줄이게 된다.

나 역시 여느 일하는 싱글 우먼들처럼 자주 아침을 거르고 불균형적인 식사를 하는 등 모범적인 영양 섭취를 하지 못한다. 업무를 위해 혹은 교우 관계를 위해 술자리도 하고 맵고 짠 음식을 먹기도 한다. 하지만 자칫 방심해서 살이 찐 경우 그것을 오래 방치하기보단 식이요법부터 챙긴다. 평소보다 조금 덜 먹고 규칙적으로 고른 영양소를 섭취하는 것만으로도 건강해지고 살이 빠진다니 이 방법만큼 비용이 들지 않는 다이어트가 어디 있을까.

셀룰라이트 관리 타고난 몸매와 꾸준한 운동으로 인한 근육을 관리하는 것도 중요하지만 못지않게 여자에게 중요한 것은 셀룰라이트 관리다. 아무리 기본 골격이 좋고 몸매가 예뻐도 관리를 해주지 않으면 셀룰라이트가 몸 어기저기 생겨 미관상 보기에 좋지 않다.

셀룰라이트는 체내의 노폐물과 독소가 진피 아래에 쌓여 울퉁불퉁해 보이는 것을 말한다. 과연 나의 몸에는 셀룰라이트가 어디에 있을까? 전신 거울 앞에서 차려 자세를 하고 전신에 힘을 준 채 뒤를 돌아본다. 엉덩이 아래 허벅지 부분에 울퉁불퉁 마치 살들이 뭉친 듯이 보이는 바로 그 살들이 셀룰라이트다.

셀룰라이트가 생기는 이유는 다양하지만 운동 부족과 신진 대사의 흐름이 원활하지 않을 때 생기는 게 대부분이다. 신진 대사가 활발하고 혈액이나 림프 순환이 잘 되는 어린 아이들은 뭉친 지방층은 전혀 없고 오히려 피부 결이 부드러운 반면 나이든 여성일수록 팔뚝이나 엉덩이, 허벅지, 배, 옆구리 등에 뭉친 살이 많은 이유가 바로 이 때문이다.

물론 셀룰라이트가 생기는 것을 억제하거나 완전하게는 아니지만 어느 정도 없애는 방법이 있다. 매일 2리터 이상의 물과 풍부한 섬유질, 무기질을 섭취해 몸 안의 노폐물을 배출시키고 목욕이나 반신욕 등으로 혈액 순환을 원활하게 해주면 가능하다.

가장 좋은 방법은 운동을 하는 것이다. 그 중에서도 셀룰라이트 억제에는 스트레칭이 가장 좋다. 근육을 이완하고 수축시키는 동작을 꾸준히 하면 진피 층에 지방의 뭉침 현상을 억제하고 고루 퍼질 수 있도록 하는 것이다. 요가나 필라테스를 하면 몸매의 라인이 잡히고 날씬해 보이는 것도 이 영향이 크다.

나는 운동 부족과 동물성 지방의 섭취 등으로 20대 중반에 이미 허벅지에 셀룰라이트가 많이 쌓인 상태였다. 가장 흉해 보일 때는 수영복을 입을 때. 매끈해야 그나마 몸매가 나아 보일텐데 셀룰라이트 때문에 허벅지는 더욱 튼실해 보였다. 한참 유행했던 마이크로 미니스커트를 입지 못한 것도 셀룰라이트 때문이다. 당시 나는 셀룰라이트를 제거하기 위해 허벅지 경락 마사지를 1주일에 2회씩 두 달 정도 꾸준히 받았다. 지속적이고 전문적인 마사지는 이내 피부를 부드럽게 하고 셀룰라이트 층을 고르게 퍼지도록 도왔다. 마사지사는 경락을 받는 기간 동안 물을 많이 마시라고 충

고했다.

셀룰라이트를 제거하니 특별히 살이 빠지지 않아도 좀더 날씬해 보이는 효과를 얻을 수 있었다. 그 이후로 나는 TV를 보는 여가 시간에도 옆구리나 허벅지 스트레칭을 하는 습관을 들였다. 그리고 클라란스나 비오템, 로레알 등에서 판매하는 슬리밍 제품을 이것저것 사용해보았다.

종아리나 발의 부종이 심한 편이어서 종아리 부위에는 붓기를 완화시킨다는 오일도 바르고 배와 옆구리 부분 역시 슬리밍 제품을 꾸준히 썼다. 얼굴에 바르는 로션이나 에센스를 까먹어도 몸에 바르는 슬리밍 제품은 하루도 빠트리지 않고 사용했다. 지금은 로레알의 낮과 밤 전용 슬리밍 제품과 록시땅의 다리 붓기를 완화시키는 로션, 뉴욕에서 구입한 블리스 스파(Bliss spa)의 '러브 핸들러(Love Handler)' 등을 사용하고 있다.

항간에는 슬리밍 제품의 기능에 회의적인 의견들이 오간다. 나 역시 슬리밍 제품의 기능을 맹신한다기보다는 슬리밍 제품을 바르면서 매일 몇 분간이라도 내 손으로 직접 마사지를 하면서 혈액 순환을 돕는 기회를 만드는 의미로 사용한다. 웨이트 트레이닝이나 필라테스 등 운동을 할 때 역시 슬리밍 제품을 바르고 하면 더욱 뛰어난 스트레칭 효과를 볼 수 있다.

이렇게 항상 자기 몸을 되돌아보고 관리를 해준다면 훗날 나이를 더 먹거나 결혼을 하고 출산을 하더라도 매력적인 몸매를 유지할 수 있을 것이다. 싱글 라이프에서 얻은 버릇은 평생간다!

근육 만들기 건강을 위해서 어느 정도 이상의 운동은 필수적이다. 달리기나 수영 등 호흡이 필요해 산소를 소비하게 되는 유산소 운동을 하면 심폐 기능과 지구력을 기를 수 있다. 계속 운동을 하면 심장과 호흡기는 계속 건강한 상태를 유지하거나 더욱 발전할 수 있다. 나이 들면 기운이 달리는 법이지만 웨이트 트레이닝 같은 꾸준한 근력 운동을 한다면 근육이 힘을 지탱하는 능력을 계속 개발할 수 있어 젊음을 계속 유지할 수 있다.

스타일리시하게 옷을 입기 위해서는 몸매 관리가 매우 중요하다. 근력 운동으로 몸매의 단점을 얼마든지 바꿀 수 있다. 체

지방이 많건 적건 마른 체형이든 살찐 체형이든 뼈를 둘러싼 근육을 어느 정도 이상 발달 시켜주어야 몸매의 라인이 생긴다. 다이어트에 식이요법과 운동이 병행되는 이유는 바로 이 때문이다. 무작정 마른 몸매 보다는 근력운동으로 만든 근육이나 적당한 긴장감으로 생긴 라인이 몸매의 선을 만들어주는 것이다.
근력은 하루 아침에 생기는 것이 아니다. 팔, 다리, 배, 등, 옆구리 등 부분별로 다양한 근력을 조화롭게 키우기 위해 정기적인 운동이 필요하다.
평소에 근육 운동을 하지 않다가 갑자기 근육을 사용하게 되면 근육이 피로하면서 젖산을 분비하게 되는데 이 현상으로 인해 근육의 뻐근함을 느낀다. 이 뻐근함을 조금 참고 정기적으로 2달 이상 근력 운동을 하면 그 이후부터 근육이 점차 자리잡게 된다. 큰 맘 먹고 운동을 시작했는데 살은 빠지지 않고 오히려 몸이 불어난 것 같아 실망하고 한두 달 하다 그만두는 경우가 많다. 처음 운동을 시작하면 근육이 발달하기 시작해서 오히려 살이 찌는 느낌이 드는 것은 당연하다. 그러나 두 달 후부터는 지방이 근육으로 대치되므로 몸무게가 크게 줄지 않아도 옷의 사이즈는 한 치수 이상 작아질 것이다.
근력 운동은 정확한 자세로 하는 것이 가장 중요하기 때문에 처음 운동을 하게 되면 전문가의 도움을 받도록 하자. 요즘 피트니스 센터에는 운동을 전문적으로 가르쳐주는 개인 트레이너 제도가 있어 근력 운동을 배우기에 훨씬 용이하다.
패션 모델의 길고 마른 몸보다 카메론 디아즈나 사라 제시카 파커의 근육이 발달한 보디 라인이 우리들에게 훨씬 구체적이고 현실적인 롤모델이 된다.
나 역시 웨이트 트레이닝을 배운 기간은 대학 때부터 시작해서 총 1년 정도. 전문 트레이너의 계획적인 운동 순서와 방법을 익혔고 그 후에는 스스로 프로그램을 짜서 실행에 옮길 수 있었다. 처음 근력 운동을 한 이유는 모든 여자들처럼 '살을 빼기' 위해서였다. 시작한 지 몇 달이 지나고 내 몸 안의 지방이 연소되고 대신 근육으로 대

체되어 팔이나 다리에 라인이 생기고 힙업도 되었다. 지방은 근육에 비해 부피가 세 배 정도 크다. 따라서 몸무게는 같아도 운동부족인 사람과 근육질인 사람의 겉모습은 매우 다르다.

평소 하지 않던 운동을 어느 날부터 실행하기란 사실 매우 어렵다. 재미있는 드라마를 때맞춰 보는 건 쉽지만 때맞춰 운동을 하는 것은 참 어려운 것이다. 〈닌자 어쌔신〉의 비와 〈G.I. 조 전쟁의 서막〉의 이병헌의 멋진 근육 뒤에 피를 토하는 고통이 있었을 거린 긴 운동을 해본 사람이라면 어림심삭할 수 있다.

여자들이 운동을 규칙적으로 하기 위해선 일단 운동 메이트를 구하도록 한다. 얘기가 잘 통하고 나와 라이프스타일이 비슷한 사람. 그리고 마음이 잘 맞는 운동 선생님도 필요하다. 운동 선생님과 운동 메이트는 내가 운동을 자칫 빠지려할 때 호되게 채찍질을 해주는 사람이어야 한다. 그리고 피트니스 센터는 집 가까운 곳이나 근무하는 회사 가까운 곳이 좋다.

나는 한창 운동에 몰두할 때 나와 동갑인 운동 선생님에게 웨이트 트레이닝을 배웠다. 지금은 이휘재, 전지현, 알렉스 등에게 운동을 가르치는 유명한 트레이너인 양덕일이 바로 그 파트너로 좋은 자세와 동작 등을 자세히 알려주었고 지방이 많은 음식을 섭취하려고 하면 말리기도 하는 시어머니 같은 사람이었다. 운동 메이트는 나와 〈바자〉 시절을 함께 보낸 록시땅의 홍보 매니저 김지민이었다. 그녀와의 수다는 카페가 아닌 피트니스 센터에서 했고 주말에도 특별한 일이 없으면 만나서 운동을 함께 했다.

Pilates   남들이 좋다고 무작정 따라서 시작하는 운동은 매우 괴롭다. 나는 어릴 때부터 유난히 유연성이 떨어졌다. 오죽하면 중학교 무용 선생님이 나를 '인간 통나무'로 부를 정도. 연예인들도 즐긴다는 우아하고 부드러운 요가로 유연성을 키워볼 요량으로 시작했는데 체온 정도의 더운 방에서 땀을 흘리며 하는 요가는 내게 정말 맞지 않는 운동이었다. 몸을 늘리고 굽히는 동작들이 남들에게는 쾌감, 내게는 고통이었던 것. 힘든 운동은 효과도 없을뿐더러 정신 건강에도 좋지 않다. 요가를 안 갈 핑계만 생각하다가 우연한 기회에 요즘 한창 유행인 필라테스를 배우게 되었다.

필라테스는 독일의 요제프 필라테스가 1900년대 초반에 만든 일종의 재활 치료다. 어릴 때부터 천식, 결핵, 류머티즘 등으로 몸이 허약했던 그는 건강해지기 위해 운동을 했다. 제1차 세계대전 당시 영국의 포로수용소에 근무하면서 포로들의 건강을 위해 다양한 운동법을 개발하게 되었다. 이 운동법은 요가나 고대 그리스·로마의 양생법 등을 접목시켰는데 병원의 재활 운동 기구를 이용하는 것이었고 이것이 바로 필라테스의 초석이 되었다.

필라테스는 웨이트 트레이닝에 비해 섬세하고 쉬운 자세로 반복적인 운동을 하면서 근육을 발달시킨다. 보통 사람들은 등이나 옆구리의 근력이 매우 약하고 반대로 팔이나 다리, 복부의 근력은 강한 편이다. 필라테스는 옆구리나 허리, 등, 아랫배와 엉덩이 등 몸통 근육의 근력을 강화하며 몸의 중심을 바로 잡는다.

동작마다 고유의 호흡패턴이 있어 이를 따라야 운동효과를 최대화할 수 있다. 각 동작을 할 때는 정신을 집중하며, 한 동작에서 다음 동작으로 연결할 때는 부드럽고 유연하게 흐름을 따라 움직여야 한다.

필라테스의 효과는 전신운동을 통하여 몸의 균형과 힘, 유연성이 증가된다는 것이다. 자세에 균형이 잡히고 관절과 척추가 강화된다. 심폐능력과 순환기능력이 강화

되는 효과도 있다. 스트레스 감소와 긴장 해소에도 도움이 되며 신경과 근육이 조화를 이루어 민첩성이 향상된다.

이 운동은 평소 등이 구부정하고 다리를 꼬고 앉는 습관으로 골반의 균형이 틀어진 나에게 매우 적절한 운동이다. 웨이트 트레이닝은 눈에 보이는 큰 근육을 발달시키지만 필라테스는 잘 보이지 않는 잔근육들을 점차 발달시키면서 근력을 높이기 때문에 몸매가 섬세하게 다듬어진다. 특히 허리가 좋지 않거나 자세가 불량한 사람들에게 매우 득이 되는 운동으로 강력 추천한다.

TV보며 하는 간단한 필라테스 복근 동작

필라테스의 기본 원칙
1 필라테스에서 가장 중요한 요소는 숨쉬기이다. 팔, 다리를 들어올리거나 복근을 조이는 등 근육을 사용하는 동작에서 숨을 내쉬고 제자리로 돌아가는 동작에서는 숨을 들이마신다.
2 모든 자세는 반듯하고 바르게 잡는다. 필라테스는 자세 교정을 해주는 운동이므로 잘못된 자세로 할 경우 좋은 효과를 기대하기 어렵다.

복근 운동
1 반듯하게 드러누워 발끝을 똑바로 펴고 한 다리씩 수직으로 들어올렸다가 내리기를 10회 2세트를 반복한다.
2 1의 자세로 한 다리씩 수직으로 들어올렸다가 바깥으로 원을 그리면서 원위치 한다. 10회 2세트 반복.
3 1의 자세로 두 다리를 함께 수직으로 들어올렸다가 내린다. 10회 2세트 반복.
4 1의 자세로 복부에 힘을 준 채 팔을 곧게 펴서 무릎을 향하도록 나란히 뻗고 얼굴과 어깨를 당겨 올린다. 10회 2세트 반복.
5 1의 자세에서 무릎이 90도가 되도록 당겨 눕는다. **4**의 동작을 10회 2세트 반복한다.
6 3의 자세로 다리를 수직으로 들어올린 채 **4**의 동작을 10회 2세트 반복한다.

이종 격투기 선수 추성훈은 잡지 촬영을 할 때 국내 광고 촬영 스타일리스트로 인연을 맺었다. 메이크업 아티스트 박태윤은 오랫동안 호흡을 맞춰온 동료로 나의 뷰티 어드바이저이기도 하다.

반짝이는 피부 관리 비법

옷을 시크하게 소화해내기 위해서는 몸매 관리가 필수이듯 좋은 인상을 위해서는 예쁜 외모 이전에 깨끗하고 건강한 피부 관리가 필요하다. 적절한 관리는 피부 노화를 늦출 수 있고 트러블을 최소화시킬 수 있다. 성형 수술로 얼굴 생김을 고쳐 인상을 바꾸는 것보다 빛나는 피부로 개성을 드러내는 것이 훨씬 스타일리시하다는 것이 나의 결론이다.

대학을 다니던 때였을까. 당시 교정에서 아름답기로 소문난 여학생이 있었다. 사회복지학과, 나보다는 한 학년 아래였던 친구인데 별다르게 예쁘게 생기지도 않았지만 유독 눈길을 끌었다. 봄햇살을 받은 머리카락은 반짝반짝 윤이 났고 피부는 마치 파우더를 바른 듯 뽀얗고 눈망울은 초롱초롱했다. 그 친구의 아름다움은 당시 최고 인기였던 프라다 나일론 백이나 구찌 펌프스, 올리비에 큐빅 핀이 아닌 자연스러운 건강함이었다.

그 때 그 여학생을 목격한 이후 나의 미모에 대한 기준은 완전히 바뀌었다. 깔끔하게 정돈된 손톱엔 하얀 반달이 손톱 뿌리부터 떠올라 있으며 손과 발등은 건조함이 없이 매끈하고 부드럽고 머리는 균일하게 자라 모발끝이 상하지 않고 탱글탱글 탄력이 있어야 한다. 피부는 타입에 따라 트러블이 있더라도 최소한, 수분을 잔뜩 머금은 듯 윤기있고 건강한 혈색이면 좋다. 팔꿈치나 무릎, 복숭아뼈나 관절 등에 각질이 없이 부드럽게 손질되어 있고 발뒤꿈치 역시 건조함이 없이 뽀송뽀송해야 한다.

사실 바쁜 사회 생활과 집안꾸일, 친구 관계 등 여러가지 '해야 할 일'을 위해서 자신의 몸을 돌아보는 순서는 가장 뒤로 돌려지기 마련이다. 자신의 몸을 아름답게 가꾼다는 것은 정말 태어날 때 '은숟가락'을 물고 태어나거나 어지간히 부지런하지 않으면 굉장히 어려운 일이 될 수밖에 없다. 하지만 그럴수록 더 관심을 가지고 계획적으로 가꿀 필요가 있다. 나도 항상 바쁜 생활로 인해 잊게 되지만 그럴 때마다 명심하곤 한다. 값비싼 명품백보다는 건강한 손톱이나 헤어 컨디션이 훨씬 나 자신을 '부티' 나게 만든다는 것을.

얼굴   프리랜스 스타일리스트로 활동하면서 가장 힘든 점은 시간 관리다. 회사원처럼 9시부터 업무를 시작하고 7시 정도에 일정을 마치려고 하지만 클라이언트의 스케줄에 따라 움직이기 때문에 그 계획은 언제나 무산되고 만다. 개인적인 일정이 있어도 미팅과 회의, 촬영 스케줄이 생기면 그 일정은 항상 뒷전이다.

하지만 밥을 먹지 못하고 잠을 자지 못해도 절대 양보하지 않는 한 가지가 있다. 바로 스킨 케어다. 아무리 바빠도 스킨 케어에 필요한 두 시간은 미팅 시간으로 간주하고 스케줄을 빼놓는다. 이 습관은 이십 대 후반에 생긴 삼십 년 후 노후 대책이자 나만의 작은 사치를 부리는 셈이다.

마사지 숍에 따라 내용은 다르겠지만 내가 받는 것은 기본 케어. 침대에 누워 두 시간 받는 마사지는 행복한 개인의 호사로 일주일 내 받은 스트레스를 잠시 잊고 릴렉싱한다. 등과 어깨 관리도 포함시켜 스트레스로 뭉쳤던 어깨와 등 근육을 부드럽게 풀어주어 목선과 어깨선의 라인이 둔해지지 않도록 관리해준다.

피부에 트러블이 있으면 피부과로 달려가야 하겠지만 일반 스킨 케어 관리는 지금 당장 얼굴 피부에 문제가 있기 때문은 아니다. 혼자서 관리한다면 소홀할 수도 있는 수분이나 미백, 모공 등 여러 가지 피부 관리를 통해 피부 노화를 어느 정도 늦춰 삼십 년 후에도 건강한 피부를 유지할 수 있게끔 하기 위해서다.

옷도 청바지나 화이트 셔츠, 블랙 재킷 등 가장 베이직한 아이템을 멋지게 소화해내면 바로 그때 패셔너블하고 스타일리시하다는 표현을 하게 된다. 피부도 마찬가지이다. 그 어떤 메이크업이나 화려한 헤어 스타일 또는 세련된 보석 없이도 맑고 환한 피부는 최고의 스타일링 팁이다. 건강하고 촉촉한 피부로 시크하게 연출할 수 있기 때문에 항상 피부에 신경을 써야 한다.

그러기 위해서는 나의 피부 타입이 어떤지를 확실히 알아야 한다. 내 피부는 극도로

심한 건성 피부에 진피 층이 다른 사람에 비해 얇아서 멜라닌 색소의 침착이 매우 잘 되는 편이다. 여드름이나 뾰루지 같은 지성 피부에 나타나는 트러블이 없는 것은 다행이지만 조금만 신경쓰지 않아도 피부결이 거칠어지고 칙칙해 보이기 쉬운 얼굴이다.

때문에 나는 피부의 유수분 밸런스를 맞추는 데 가장 신경을 쓴다. 방안 습도를 50% 이상으로 유지해서 피부의 수분을 빼앗기지 않도록 하고 수분 에센스나 수분 크림을 듬뿍 발라준다. 메이크업은 오일이나 크림 등 유분기가 많은 클린징 제품으로 지우고 건성용 폼 클렌징을 사용하여 세안 후 피부가 너무 당기지 않도록 유의한다. 유수분 밸런스가 잘 맞으면 다른 트러블도 미연에 방지할 수 있다.

사용하는 화장품은 아침과 저녁에 따라 다른데 아침에는 토너, 아이젤, 에센스, 크림, 썬블록 기능의 메이크업 베이스 순으로 사용한다. 아이젤은 유분기가 적어 사용감이 좋다. 메이크업시 눈 밑 주름이 도드라지지 않도록 충분히 두드려 바르고 크림은 수분 크림처럼 유분기가 적은 것으로 발라야 번들거리지 않는다. 저녁에는 토너, 아이크림, 에센스, 크림을 사용한다. 저녁에는 지친 피부에 영양을 주기 위하여 리치한 질 감의 영양 크림과 미백 에센스를 발라준다. 화장품 브랜드에서는 많게는 아홉 가지,

열 가지 화장품을 바르라고 제안하지만 나는 꼭 발라야 할 최소한의 제품만을 사용하는 편이다. 유난히 피부가 푸석하거나 건조하다면 마스크 시트를 10여 분간 하고 잠자리에 든다. 다음날 피부가 원래 컨디션으로 돌아오는 것을 확인할 수 있다.

나는 화장품에 대한 호기심이 많고 또 다행히도 특정 화장품에 알러지를 일으키는 민감 피부는 아니어서 이것저것 써보는 편. 특히 록시땅, 프레시(Fresh)나 에이숍(Aesop), 키엘 등 무향 혹은 천연향의 제품들을 선호하는 편이다. 록시땅의 임모르뗄 라인은 건성 피부에 매우 좋다. 에스티 로더나 라 프레리, 아이오페 등의 기능성 제품들도 피부 관리에 좋다.

피부의 최적 컨디션을 유지하는 것 외에도 신경 쓸 것은 눈썹 정리, 얼굴의 잔털 정리다. 아무리 피부가 곱고 맑아도 눈썹이 지저분하게 났거나 코밑에 잔털이 보인다면 보기 좋은 모습은 아닐 것이다.

몸 띠어리(Theory)의 지성적인 화이트 셔츠. 소매는 반쯤 걷어 올리고 바세론 콘스탄틴의 악어 가죽 밴드의 시계를 찬 손이 드러나는 여성을 상상해보자. 매우 시크한 모습일 것이다. 하지만 소매를 걷은 팔에 각질이 일어 허옇고 건조하다면?

나는 얼굴에 투자하는 것 이상으로 몸 관리에 열을 올린다. 얼굴에는 몇 십 만 원을 호가하는 영양 크림을 발라주고 몸에는 수퍼에서 파는 만 원짜리 로션을 바르거나 그나마도 생략하는 사람이 많은데 이제부터는 그럴 게 아니라 얼굴에 바르는 화장품과 바디 화장품의 균형을 맞추어보자.

일주일에 한 번 정도 입욕을 하면 우리 몸에 매우 좋다. 체온보다 1~2도 높은 물에 입욕하면 땀을 내어 노폐물을 배출할 수 있고 체

온과 비슷한 물에 입욕하면 신진대사의 원활함과 혈액순환을 도울 수 있다. 입욕시에 순수한 물은 피부의 수분을 함께 빼앗아갈 수 있으니 여러 가지 다양한 입욕제를 이용하자. 거품을 내는 버블 바스나 아로마 오일, 소금 등의 여러 입욕제는 피부가 거칠어지는 것을 막아주고 묵은 각질을 제거하는 역할을 한다. 입욕제를 사용해 목욕을 하면 씻을 때는 별도의 비누는 쓰지 않아도 된다. 입욕은 20~30분 정도가 적당

하며 음악을 듣거나 아로마 향초를 피워놓는다면 스트레스 해소에도 큰 도움이 될 것이다.

거품 목욕을 즐길 때는 다리나 팔의 쉐이빙도 손쉽게 할 수 있다. 쉐이빙 폼을 따로 사용하지 않고도 면도기를 이용해 쉐이빙을 해본다.

샤워나 목욕 후에는 수건으로 물기를 제거하기 이전에 바디 오일을 꼭 발라준다. 손

에 덜어 다리나 몸통, 가슴, 목, 등, 팔 등 곳곳에 바르고 마사지하듯 세게 문질러주면 셀룰라이트 제거에도 좋고 피부를 촉촉하게 가꿀 수 있다. 프레시나 오리진스의 바디 오일도 좋고 뉴트로지나의 대형 사이즈도 부담없이 사용하기 좋다. 샤워 횟수가 잦은 여름철에는 반드시 오일로 마무리해주는 것을 잊지 말자. 매끄러운 살결을 유지하는 비법이 될 것이다.

오일로 마사지해주고 타월로 물기를 제거하면 건조한 부분에 로션을 발라준다. 팔이나 다리는 외부에 노출되는 일이 많아 더욱 쉽게 건조해지고 살이 튼다. 로션을 잘 발라 흡수시켜주면 피부가 노화되는 것을 최대한 늦출 수 있다.

나는 피부가 많이 건조한 편이면 록시땅의 시어 버터 같은 바디 크림을 이용한다. 맨발로 다니길 좋아한다면 발꿈치 끝이 갈라지거나 트는 일이 잦다. 이럴 땐 풋 크림을 듬뿍 바르고 양말을 신고 잔다면 다음날 아기 발처럼 부드러운 발을 얻을 수 있다. 손도 마찬가지. 좀 답답하긴 해도 핸드 크림을 듬뿍 바르고 장갑을 몇 시간 끼고 있거나 끼고 잔다면 매우 부드러운 손을 얻을 수 있다. 손이나 발 부분 모델이나 TV 홈쇼핑의 주얼리 쇼 호스트들처럼 손이나 발을 남에게 보여주어야 하는 직업을 가진 사람들은 실제로 이렇게 관리를 많이 하고 있다고 한다.

스타일리시하기 위해서는 손톱이나 발톱 관리도 게을리해서는 안된다. 예쁜 색으로 컬러링을 하고 큐빅을 박는 등의 스타일링이야 기호에 따르거나 입은 옷의 컨셉과 맞추면 된다. 문제는 평소의 손발톱. 항시 로션을 발라주어 촉촉하게 유지를 한다면 큐티클이 건조해 일어나 손톱이나 발톱 주위가 지저분해지는 일이 적을 것이다. 인조 손톱을 붙이고 화려한 컬러를 칠하기 보다는 피부색에 맞는 색을 고르거나 맨 손톱에 손톱 강화제 정도만을 발라 풋풋함을 유지한다면 보다 스타일리시해 보일 것이다.

모발 관리

스타일링 컨설팅을 할 때 사람들은 변화하고 싶다며 옷의 스타일링 컨셉을 어떻게 바꿔야 할지를 종종 묻는다. 그럴 때 나는 '헤어스타일을 바꿔보라'고 권유한다. 그만큼 헤어는 사람의 인상이나 이미지를 결정하는데 가장 중요한 요소다.

이렇게 중요한 헤어 스타일이지만 사람들은 멋내는 데 급급하기만 하지 유지하고 관리에는 소홀하다. 피부에는 좋다는 것은 다 바르고 트러블이 생기면 곧바로 병원에 찾아가지만 헤어는 여간해서 관리를 받지 않는다.

모발에도 화장품이 필요하다는 것을 아는지. 모발 역시 자외선에 약하고 열과 땀에도 민감하다. 두피가 지성이면 매일 감고 두피가 건성이면 이틀에 한 번 정도 머리를 감아준다. 얼굴에 바르는 화장품처럼 샴푸와 린스 역시 두피나 모발 상태에 따라 알맞은 제품으로 고른다. 머리를 감기 전에는 묶은 머리를 푼 상태로 굵은 빗으로 빗질을 해주어 엉킨 모발을 풀고 두피를 두드려 자극을 준다. 샴푸로 머리를 감을 때는 손가락의 바닥 부분으로 지압 마사지 하듯 머리 부분 부분을 마사지 해주자. 모발이 자라는 모공 사이사이의 때도 수월하게 벗겨지고 두피의 혈액순환을 도와 모발이 새로 날 때 더욱 건강하고 굵게 난다. 모발을 유연하게 해주는 린스는 모근 부위보다는 잘 상하고 갈라지는 모발 끝 위주로 발라준다. 팩처럼 린스를 바른 후 몇 분간 두었다가 헹구면 더욱 부드러워지는 효과를 얻을 수 있다.

모발이 상했을 때 헤어숍에서 트리트먼트를 받으면 스킨 케어 후 피부처럼 좋은 효과를 볼 수 있다. 헤어숍에 가지 않는다면 시중에서 판매하는 헤어 에센스를 다량 바르거나 마스크 팩을 해주어 모발에 영양을 준다.

모발은 샴푸, 린스를 어떻게 해주는가도 중요하지만 말리는 것도 중요하다. 헤어숍에서 해주는 것을 잘 염두에 두었다가 그대로 따라하면 되는데 두피를 긁듯 닦아서는 절대 안된다. 모발을 수건으로 덮어 두드리듯 물기를 제거해주고 꼭 잘 말린 후에

자외선에 노출하거나 잠자리에 들어야 한다. 수건을 장시간 쓰고 있거나 베개에 머리를 묻거나 잘 마르지 않은 채 모자를 쓸 경우 머리카락이 나는 모공을 막아 탈모의 원인이 될 수 있다.

드라이나 세팅기를 사용할 경우에는 꼭 모발이 잘 마른 후에 하도록 하고 모발이 젖은 상태에서 보호용 로션이나 에센스를 발라둔다. 그러면 열을 이용한 잦은 관리에도 머리카락 끝이 상하거나 갈라지는 것을 막아준다.

헤어 스타일링이나 커트의 모양도 중요하지만 머릿결을 건강하게 유지하는 것은 더욱 중요하다. 모발과 피부의 건강함을 지킨다면 훨씬 이미지가 고급스럽고 싱그러워 보일 것이다.

헤어 스타일을 바꾸고자 할 때는 무작정 머리 모양을 바꾸고 싶다며 유명한 선생님에게 찾아가는 것보다는 단골 헤어 디자이너에게 찾아가 상담을 하는 것이 더욱 성공할 확률이 높다. 그 이유는 단골로 다년간 그 사람을 봐야 평소의 라이프스타일이나 취향 등을 파악해 헤어 스타일을 만들어주기 때문이다.

그리고 잡지를 보다가 하고 싶은 헤어 스타일을 발견하면 스크랩했다가 미용실에 갈 때 가져간다. 모든 헤어 스타일이 다 자기에게 어울릴 수 없고 그렇게 연출할 수도 없겠지만 얼마든지 상담을 통해 비슷한 분위기로의 연출은 가능하기 때문이다.

⟨ My Favorite Shampoo & Conditioner ⟩

얼굴에 기능성 화장품을 바르듯 모발과 바디에도 기능성 제품을 사용하면 미용실에서 트리트먼트를 자주 하지 않아도, 피부관리실에서 전신 마사지를 자주 받지 않아도 좋은 컨디션을 유지할 수 있다. 향이 좋은 저자극의 샴푸와 컨디셔너는 아침을 여는 시간에 반드시 사용되는 것으로 나만을 위한 작은 사치품이다.

AVEDA

염색 모발과 건조 모발, 거친 모발 등 비교적 모발 타입이 세분화된 샴푸와 린스를 고를 수 있다. 미국 브랜드로 천연 재료를 사용하여 향도 좋다. 개인적으로는 얼굴용 제품보다는 모발용 제품을 더욱 좋아하는 브랜드. 가장 큰 용량의 샴푸와 린스로 3개월 이상 사용 가능하다.

Smooth Infusion 푸석하고 거친 머리결에 영양을 주고 모발을 부드럽게 하는 효과가 있는 샴푸와 컨디셔너 라인. 롱 스트레이트 헤어를 찰랑거리게 만든다.

Rosemary Mint 로즈마리 향이 머리 감은 후에도 잔향으로 남아 기분 좋게 만든다. 딥 클렌징 효과가 있어 하루만 안 감아도 머리 냄새가 심하고 기름지는 지성 두피에 좋다. 손가락의 지문이 있는 바닥으로 꼼꼼히 마사지하듯 감는다. 컨디셔너는 리치하기 때문에 두피를 피해 모발 끝을 적셔주듯 감는다.

KIEHL'S

약사가 아내와 딸을 위해 화장품을 만든 것에서 시작된 키엘. 맨해튼 중심가에 약국이었던 키엘 매장이 시금도 있다. 얼굴과 바디, 모발 제품들이 고루 사랑받고 있다. 성분이 순해 정상 모발을 매일 감을 때 사용하기 좋은 샴푸와 린스가 있다.

Amino Acid Shampoo 아미노산 성분이 모공에 낀 때를 제거하는 딥 클렌징 기능이 있다. 코코넛 오일 성분이 모발을 부드럽게 한다. 매일 감아도 모발 손상이 거의 없다.

Tee Tree Oil Shampoo 두피는 중지성인데 모발은 건조한 타입에게 적합한 샴푸다. 티 트리 오일 성분이 함유되어 손가락과 바닥을 이용해 마사지하듯 감으면 산뜻한 느낌이 든다.

Hair Conditioner and Grooming Aid Formula 133 약국 시절부터 판매한 키엘의 베스트셀러 상품이다. 자주 엉키는 모발에 사용하면 부드럽게 하고 탄력을 준다. 헤어 로션으로 사용이 가능한 제품.

L'OCCITANE

3가지의 에센셜 오일이 혼합된 샴푸와 컨디셔너가 핸드 크림만큼 많은 사랑을 받고 있다. 천연 재료 성분으로 향이 자극적이지 않아 사용하기 좋다. 최근 출시된 헤어 마스크 팩은 일주일에 한 번 정도 사용하면 모발을 보호할 수 있다.

Shampoo with 3 Essential Oils 코코넛과 해바라기 클렌징 베이스가 모발과 두피 건강의 균형을 지켜주고 밀단백질이 모발을 회복시키며 윤기를 부여한다. 손상 모발용과 정상 모발용이 있다.

Conditioner with 3 Essential Oils 안젤리카 에센셜 오일이 손상된 모발을 부드럽게 하고 진정시킨다. 비타민 A와 프로비타민 B5가 산화를 방지하고 모발을 회복하게 해준다. 모발이 엉키지 않도록 하며 탄력을 부여한다. 역시 손상 모발용과 정상 모발용이 있다.

FRESH

부드럽고 로맨틱한 향으로 마니아 층을 형성하고 있는 프레시. 얼굴용 외에도 바디 제품 역시 자주 사용하고 있다.

Soy Shampoo 상쾌한 잔향과 가벼운 사용감이 좋은 샴푸. 콩을 원료로 해서 순하다. 중지성 모발과 염색 모발에 매일 사용하면 좋다.

Pomergranate Conditioning Hair Rinse 모발을 건강하게 하여 머릿결을 매끄럽고 윤기 있게 가꾸며 엉킴 방지와 보습효과가 있다. 소이 샴푸와 마찬가지로 콩 단백질이 모발에 영양을 주고 보호해준다. 자연 항산화 성분인 석류 추출물과 해바라기 추출물은 태양광선과 다른 유해한 요소로부터 모발을 안전하게 보호한다. 모든 헤어 타입에 사용 가능하다.

⟨ My Favorite Comb ⟩

시중에는 다양한 모양의 빗을 판매한다. 손질 방법에 적합한 빗을 사용하면 모발 관리에 많은 도움이 된다. 한 가지 빗을 고집하지 말고 두세 가지 빗을 함께 사용해보자.

넓적한 빗
넓적한 몸통에 천연 솔이 달린 빗은 모발에 붙은 먼지를 떨어내는데 효과적이다. 잠들기 전 정성스럽게 빗질을 해준다. 머리가 띵할 때 이 빗으로 통통 두들기면서 두피를 자극해주면 머리가 맑아지는 효과가 있다. 혈액 순환을 원활하게 하여 탈모 예방에도 도움이 된다.

둥근 빗
드라이를 할 때 좋다. 나무와 천연 솔이 함께 달린 것으로 사용하면 정전기가 생기지 않아 비듬이나 탈모 예방에도 좋다.

탈모예방을 위한 생활습관
① 충분한 수면을 취할 것.
② 충분한 영양분을 공급할 것.
③ 적당한 빗질을 해 마사지 효과를 얻을 것.
④ 지성모발은 매일 한 번, 건성은 이틀에 한 번 이상 머리를 감을 것.
⑤ 충분히 말리지 않은 채 잠이 들거나 머리를 묶지 말 것.
⑥ 두발을 잡아당기지 말 것.
⑦ 두발을 학대하지 말 것.

Make-Up

스타일링은 얼마나 조화로운지가 관건이다. 그런 의미로 메이크업은 의상만큼 중요한 핵심 포인트이다. 노메이크업이든 스모키 메이크업이든 전체적인 의상 컨셉과 스타일에 따라 적절한 연출을 해야 그 메이크업은 성공한 것이다.

메이크업은 시대와 유행의 흐름을 반영하는 정직한 거울이다. 90년 중반의 블랙에 가까운 입술색도, 10년대의 실처럼 가느다란 눈썹도, 60년대의 두툼하고 무거운 속눈썹도 지금 보면 웃음이 나오는 한때의 유행에 지나지 않는다. 여러 해가 지나서 사진을 봐도 촌스럽지 않고 자연스러운 모습을 찍으려면 최대한 본인 자신의 모습을 담아야 한다.

미모를 살려주고 한결 스타일리시해 보이려면 메이크업으로 얼굴의 단점을 최대한 가리고 또한 제 나이보다 좀 더 어려 보여야 한다. 메이크업의 컨셉이나 기술은 이루 말할 수 없을 정도로 다양하기 때문에 여기서 일일이 밝힐 수는 없다.

내가 가진 약간의 메이크업 노하우로 얼굴의 생기를 살려주는 방법을 알려주고자 한다.

〈 피부 표현 〉

1 베이직 스킨 케어 제품을 꼼꼼히 바른 후 손의 체온으로 잔존한 케어 제품이 모두 잘 스며들도록 얼굴을 손으로 감싼다

2 메이크업 베이스를 바른다. 슈에무라의 무스 타입 메이크업 베이스를 베네피트의 파운데이션 브러시로 얼굴에 얇고 꼼꼼히 발라준다. 메이크업 베이스는 스킨 메이크업을 준비하는 단계다. 보라색이나 연두색 등으로 독특한 컬러로 메이크업 베이스가 판매되기도 하는데 그 색은 아주 얇게 펴져서 얼굴의 두드러진 톤을 보완하는 역할을 하고 다음으로 바를 파운데이션이 잘 자리잡도록 돕는 역할을 한다. 요즘 선보이는 제품은 SPF 50 이상의 자외선 차단 기능을 겸비했거니 비비 크림과 같이 잡티 커버 기능이 있는 것들도 있다. 나는 피부결을 정돈하고 톤을 맑게 해주는 것에 중점을 두고 고른다.

3 파운데이션 브러시를 이용해 최대한 얇게 펴바른다. 고원혜나 손대식, 박태윤 등 내가 작업

하는 모든 메이크업 아티스트들은 파운데이션을 퍼프가 아닌 브러시를 이용해 바르는데 그 이유는 균일하게 최대한 얇게 펴바를 수 있기 때문이라고 한다. 브러시 자국이 나지 않도록 세심하게 펴발라주고 눈 밑 부위나 코 주변은 퍼프로 한번 더 정돈해 뭉치지 않도록 한다. 우리나라 여자들이 보통 피부톤보다 한 단계 밝은 색의 파운데이션을 선택하는 경향이 있는데 오히려 피부톤과 가장 비슷하거나 어둡게 선택하는 것이 훨씬 시크해보인다. 밝은 색으로 스킨톤을 표현할 경우 목과 얼굴색이 구분되어 보이고 촌스러워 보이거나 나이들어 보일 수 있기 때문이다. 비슷하거나 어두운 파운데이션을 발라준 후 이마나 코, 턱 등에 하이라이트로 펄감이 있는 밝은 색 파우더를 발라주면 훨씬 입체적인 느낌이 난다.

4 파우더는 얼굴색에 맞추거나 무색을 선택한다. 파우더 브러시를 이용해 파우더 입자를 묻히고 잘 털어준 후 얼굴에 바른다. 파우더는 번들거리는 유분기를 없애고 색조 메이크업의 입자가 뭉치는 것을 방지하는 역할을 하는 것이므로 많이 바를 필요가 없다. 파우더 양을 최소한 바르면 피부의 촉촉함을 유지하므로 눈 밑 주름이 두드러짐을 막을 수 있다.

5 크림 타입 블러셔나 컨실러는 파우더의 전 단계에서 발라본다. 크림 타입 블러셔를 사람들이 꺼리는 이유는 뭉치기 때문인데 파운데이션을 펴바른 후 크림 블러셔나 크림 섀도를 바르면 뭉치지 않고 쉽게 펴진다. 컨실러는 컨실러용 작은 브러시로 점 찍듯 톡톡 찍어 잡티나 상처 등을 가려준다.

〈 볼 〉

한살이라도 어려 보이기 위해서는 블러셔를 신중하게 고르고 잘 발라준다. 블러셔는 얼굴에 입체감을 주고 생기를 띄게 하는 중요한 메이크업이므로 그만큼의 노하우가 필요하다.
치크 섀도를 브러시에 묻히고 웃으면 가장 튀어나오는 볼 부분인 애플 존에 펴 바르는데 이때 브러시의 방향은 볼 중앙에서 바깥으로 한다. 블러셔의 컬러는 각각 느낌이 모두 다르기 때문에 여러 가지를 체험해본다. 보통은 옷의 컬러나 머리색 등에 따라 오렌지톤, 핑크톤, 베이지톤, 골드톤 등을 정한다.
펄감이 있는 얼스 톤의 치크 블러셔는 입체감을 주는데 사용한다. 눈썹 윗 부분의 이마와 콧등, 턱끝, 광대뼈 부위에 스치듯 발라주면 훨씬 입체적으로 보인다.

〈 눈 〉

요즘은 색조 메이크업을 최소한으로 하는 경향이 있다. 아무리 내추럴한 메이크업이 유행이지만 아무것도 하지 않은 듯한 표현은 매우 재미없다. 매 시즌 접하는 컬렉션 사진을 보면 메이크업에도 흐름이 있고 트렌드가 있다는 걸 알게 된다. 나는 컬렉션 사진에서 독특하고 기발한 메이크업을 보면 패션 트렌드를 응용하듯 따라해 본다. 눈꼬리를 따라 위로 치켜올린 굵은 아이라인이나 파스텔톤의 아이라인을 그려 재미를 주거나 헐리우드 스타처럼 글래머러스한 골드톤의 섀도로 눈을 더욱 그윽하게 만들어준다. 여름철 컬러풀한 옷에는 컬러를 맞춰 컬러풀한 아이섀도를 발라 주는 것도 센스있어 보인다.
연출에 따라 아이라이너는 굵게도 가늘게도 그리지만 가장 기본적으로는 속눈썹이 난 점막을 매꾸듯 그려 넣어준다. 바비 브라운과 맥에 이어 여러 브랜드에서 선보이는 크림 타입 아이라이너는 전용 브러시를 이용해 그릴 수 있는데 한번 그려 넣으면 거의 번지지 않아서 편리하다. 밑 속눈썹에는 밝은 펄 펜슬로 메꿔주면 눈이 훨씬 커 보이는 효과를 얻을 수 있다.
보통 사람들이 간과하거나 과장하는 부분이 바로 아이브로우다. 눈썹을 대칭으로 균형있게 그려주면 인상이 바뀔 정도로 중요한 부분이다. 자신의 얼굴 크기와 이목구비와 어울리는 눈썹을 좌우 대칭으로 그린 후 결을 정돈해준다.
속눈썹은 반드시 뷰러로 올린 후 마스카라를 결대로 정성껏 발라준다. 내추럴 메이크업이나 노 메이크업에도 속눈썹을 잘 올려주고 투명 마스카라를 바르면 한결 화려해보이고 눈도 커보이는 효과를 얻을 수 있다.

〈 파티 메이크업 〉

예전에는 풀 메이크업에 레드 컬러 립스틱으로 화려한 여성스러움을 부각시키는 것이 파티 메이크업의 포인트였다. 그러나 요즘에는 누드 컬러 립스틱에 스모키한 아이 메이크업으로 할리우드 여배우 같은 드라마틱하고 시크한 느낌으로 표현하는 게 트렌드로 자리잡고 있다.

간편한 파티 메이크업을 위해서는 피부 표현이나 립 메이크업은 자제하고 그레이, 화이트 펄 등의 아이섀도와 크림 타입 아이라이너, 아이라인 펜슬로 그윽한 분위기의 눈매를 표현해본다. 복숭아 컬러의 치크 블러셔로 얼굴 윤곽을 또렷이 해주는 것이 좋다.

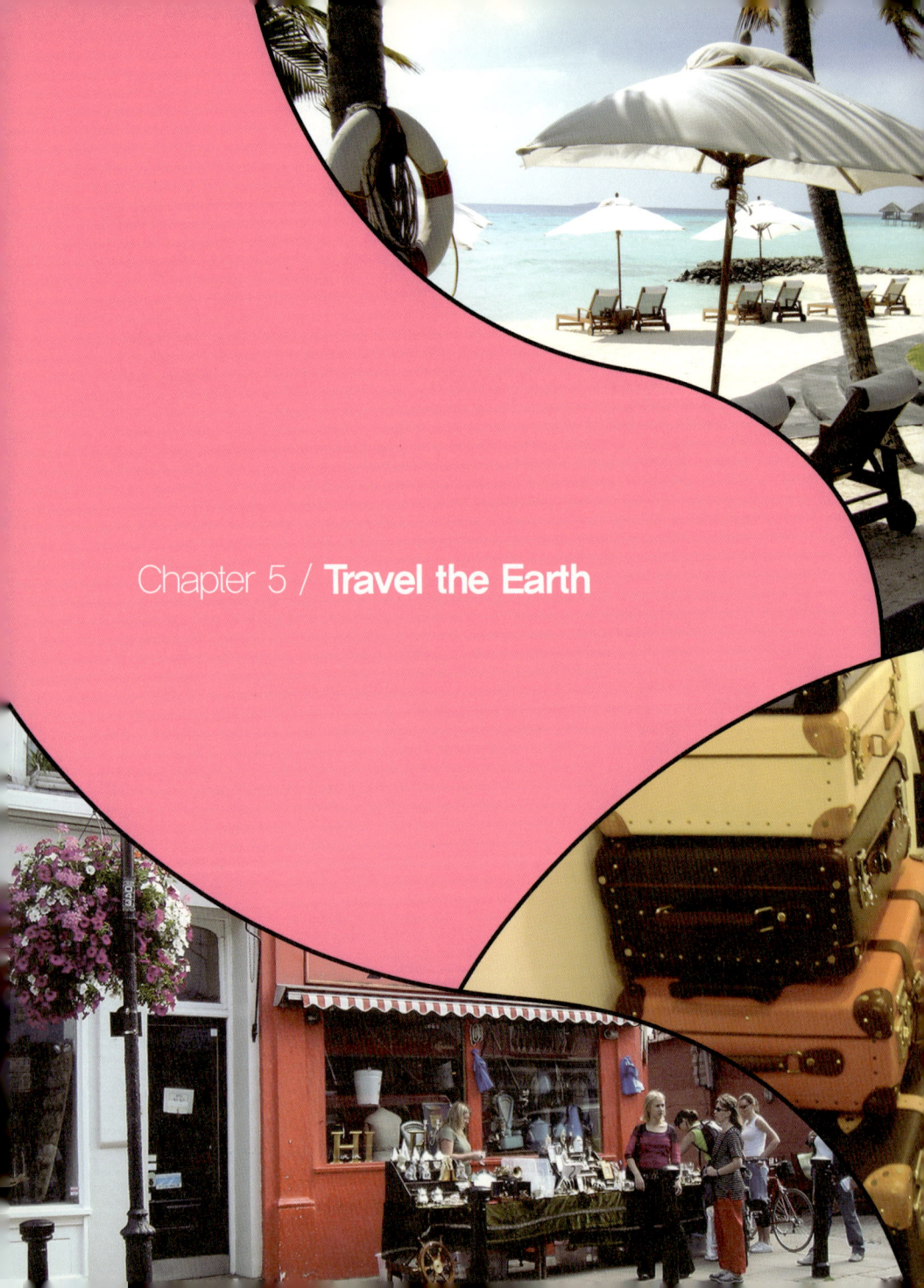

Chapter 5 / **Travel the Earth**

싱글에게 여행은 활력을 주는 비타민과도 같다. 기억 남는 CF 카피 중에 '열심히 일한 자여, 떠나라'라고 있는데 그 말에 전적으로 동감한다. 최선을 다해 달린 후 맛보는 휴식만큼 달콤한 것이 없기 때문이다.

가족이 있는 경우, 자신이 번 돈을 자신만을 위해 쓰기 어렵다. 하지만 싱글은 다르다. 평소 알뜰하게만 관리한다면 1년에 한 번은 해외 여행을 다녀올 수 있고, 마음만 먹으면 주말을 이용해 국내 이곳저곳을 돌아 볼 수 있다. 모든 것을 툭툭 털어 버리고 가볍게 떠나는 여행이야말로 싱글의 특혜다.

여행을 떠나기 위해서는 틈틈이 여행지를 정하고 그에 대한 정보를 수집하고 계획을 세워야 한다. 도시 여행일 경우에는 주로 가게 될 지역과 숙소와의 교통의 편리성부터 꼭 가봐야 할 레스토랑이나 숍, 둘러보면 좋을 갤러리나 공원에 대한 정보들을 모으고 휴양지일 경우는 좋은 서비스, 맛있는 음식을 제공하는 리조트를 정하고 시간을 보낼 만한 여가거리를 준비하는 것도 필수이다. 오지 탐험일 경우에는 교통편과 질병, 기후 등 안전에 대해 만반의 준비를 한다.

정보와 준비는 알찬 여행의 결과를 낳는다는 것이 여행에 대한 나의 철학이다. 여행지에서 다닐 곳, 할 것들의 계획을 세울 때는 취향에 따라 관심가는 것에만 치중한다. 그래야 재미있기 때문이다. 세계 곳곳을 여행하는 전문 여행가에게는 못 미치지만 타고난 체질이 기자인지라 다니면서 좋았던 점을 메모하고 사진 찍어 둔 기록들이 꽤 된다. 친구나 후배들에게 미뤄서 가본 살 것, 가볼 곳, 먹을 곳, 잘 곳 들에 대해 알려준 것들을 이 책은 읽는 독자에게도 꼭 알려주고자 한다. 패션에 종사하는 스타일리스트가 패션 도시를 갈 때 들르는 곳들을 한 번 가보길. 경험을 담은 어드바이스가 여행에 가장 중요한 정보가 될 것이다.

여행지에서는 모든 것이 즐겁다

대학을 졸업하고 패션 에디터가 되어 나를 가장 많이 성장케 한 점은 자발적으로 움직이고 타인을 배려하면서 책임을 다해야 함을 배운 것이다. 리더십이라고는 조금도 없었던 내가 팀을 이끌게 된 변화는 정말 신기했다.

에디터 일이 어느 정도 손에 익었던 3년 차 무렵부터는 해외 촬영을 떠나게 되었다. 미국이나 영국, 프랑스 등 패션 선진국에서는 로케이션 매니저나 현지 모델 부커, 현지 세트 프로듀서 등 화보를 찍을 때 필요한 스텝이 세분화되어 있지만 우리의 경우 예산상 그런 일들은 모두 에디터의 차지였다. 어디로 갈지 어떻게 찍을지 계획을 세우면 모델이나 헤어, 메이크업, 포토 등의 스텝을 구성한 후 비행기를 예약하고 현지 숙박을 정하고 이동 편을 구한다.

대도시에서의 촬영에서는 현지 사정을 잘 아는 통신원의 도움을 받을 수 있지만 많은 경우 국내에 잘 알려지지 않은 곳으로 가기 때문에 인터넷에조차 숙박, 교통 정보도 없어 '맨 땅에 헤딩하기' 식으로 접근하는 경우가 허다했다. 상황이 이러니 현지에 갔을 때 많은 사건, 사고가 끊이지 않았고 긴장과 스트레스의 나날이 이어졌다.

**두근두근,
낯선 곳에 발을 딛다**

난생 처음 스페인에 갔을 때다. 영어도 겨우 더듬더듬 하는데 사람들이 잘 가는 영국이나 프랑스, 독일도 아니고 스페인에 가야 하니 매우 두려웠다. 여행의 발단은 스페인의 럭셔리 가죽 브랜드, 로에베에서 당시 기자였던 나에게 취재를 부탁하고자 초청해 시작되었다. 스페인에서 가장 유명한 브랜드이자 국민들의 존경을 받던 그 브랜드는 나와 사진작가를 본사가 있는 마드리드와 스페인 아트 페스티벌이 열리는 그라나다에 이틀씩 둘러볼 수 있게 기회를 마련해주었다.

스페인 최고의 브랜드에서 마련한 자리만 따라다닌다면 얼마나 편했을까만 워낙 일을 벌리는 성격이었던 나는 연예인과 구두 디자이너까지 동행해 마드리드와 그라나다, 알리칸테, 이비자로 이어지는 '엄청난' 여행 스케줄을 짰다. 스페인을 출발하기 전 대통령보다 더 바쁜 연예인의 스케줄을 짜 맞추고 세계 각국을 돌며 비즈니스를 하는 구두 디자이너의 스케줄까지 맞추며 각 도시에서의 교통편과 숙소, 다른 도시로 옮길 때의 교통편 등을 총진행하는 것은 그야말로 장난이 아니었다.

어찌어찌 스케줄을 정리하여 헤어&메이크업 아티스트와 모델까지 스페인 중간 일정에 한국에서 부르고 국내 패션 브랜드를 섭외해 중간에 촬영할 의상들도 받게 되었다. 출장 첫날 사진작가와 파리를 경유해 마드리드에 도착해야 하는데 파리 공항에서 그만 마드리드행 연결 비행기를 놓쳐버렸다. 비행사 담당자들에게 항의해 다음 날 마드리드행 첫 비행기 티켓으로 바꿨지만 마드리드 공항에서 우리를 마중할 브랜드 담당자에게 연락하기 위해 한참 단잠 중일 한국 담당자를 깨워야 했다.

이렇게 우여곡절 끝에 도착해 마드리드에서 그라나다까지 취재가 이어졌다. 브랜드 초청으로 여러 상류층 인사를 만나고 800년 된 저택에서 파티를 즐기면서 *나는 겉으로 매우 우아한 웃음을 지으면서 속으로는 '어떻게 하면 이 저택에서 화보를 찍을 수 있을까'를 고심했다.* 브랜드와의 일정이 끝나고 한국에서 날아온 연예인 일행과 디자이너, 모델 등 대부대를 만나 브랜드가 마련해준 화려한 호텔에서 대단히 저렴하고 단출한 호텔로 옮기게 되었다. 소매치기가 유난히 많은 유럽이어서 매우 조심하자고 서로 당부했지만 이미 연예인이 공항에서 지갑을 털린 상황이었기에 주위에 대한 경계를 늦출 수가 없었다. 특히, 그라나다의 집시 마을에서 촬영을 하면서 손버릇 나쁜 집시들이 혹시라도 촬영소품을 훔쳐갈까 살피느라 정신이 없어 모델에게 옷을 입히거나 폴라로이드를 보는 등의 진행은 뒷전이었다. 새벽부터 이어진 촬영에 배는 너무나 고팠지만, 스페인 사람들의 긴 낮잠(시에스타) 때문에 끼니는 맥도널드 뿐이었다.

그라나다에서 알리칸테라는 작은 마을로 옮길 때 우리는 매뉴얼로 운전하는 작은 자동차를 렌트했다. 올리브 나무와 푸른 하늘은 아름다웠지만 목마르다고 차에서 내려 집에 가겠다는 스텝을 달래느라 진땀을 뺐다.

당시로선 한국인에게 불모지였던 이비자로 가는 길은 매우 불안하고 긴장된 순간의 연속이었다. 알리칸테에서 한 시간을 달려 작은 기차역에 도착했다. 1시 기차는 2시 반에 되도록 도착할 생각을 않고 3시가 넘어 떠난 기차는 냉방이 전혀 되지 않는 매

우 느린 기차였다. 마치 전쟁통에 피난을 가는 듯한 느낌에 또 한 번 땀을 빼질. 지금 생각해도 아찔하다.

이비자는 정말 새로운 섬이었다. 외국 자본이 전혀 들어오지 않은 작은 섬에는 나이트 클럽을 소개하는 대형 광고판뿐이었고 우리에게 클럽 홍보요원들이 쉴새 없이 달려들었다. 인터넷으로 살펴보고 괜찮겠다 싶어 예약한 호텔은 내가 여섯 살 때 가본 강원도 진안 콘도처럼 허술하고 낡았다. 마치 오래된 집의 방문처럼 나무 소재로 된 문에는 달랑 손잡이만 있어서 열쇠 없이도 잡아당기면 문이 열렸다. 호텔의 카운터에서 수속을 도와주던 직원은 태어나서 한국인을 처음 봤다고 했다. 하긴 그곳에 삼일 지내면서 우리를 제외한 동양인의 모습을 찾을 수 없으니 그럴 수밖에. 영어도 통하지 않는 그 섬은 우리에게 마치 삼차원의 세계 같았다. 그나마 다행인 것은 만민 공통의 언어인 춤과 음악이 있었다는 것. 하루 24시간 나이트 클럽이 영업하는 광란의 섬에서 우리는 춤을 추고 술을 마시고 웃고 즐겼다.

워낙 돌봐야 할 인원도 많았고 돌발 사고도 일어날 우려가 다분했던 출장에 누구 하나 낙오되지 않고 무사히 일정을 마쳤던 것은 천운이었다. 몸과 정신은 매우 고된 출장이었지만 그곳에서 함께했던 일행은 5년이 지난 지금도 그때를 즐겁게 추억한다.

**낯선 곳이 주는 설레임,
그래서 오늘도 떠난다**

긴장과 불안으로 가득한 출장이 여러 번 반복되니 여행 프로그램을 짜고 진두지휘 하는 일에 요령이 생겨 왠만한 여행사 직원들이 해주는 예약은 스스로 할 수 있게 되었고, 사람들에게 잘 알려지지 않은 불모지에서의 촬영에 가슴 설레기도 했다. 어느덧 여유가 생겨, 촬영 혹은 취재를 위해 출장을 가는 경우 그 지역에서 꼭 가야 할 쇼핑 플레이스를 사전에 알아보고 가장 맛있다는 레스토랑 혹은 꼭 가볼 호텔 등의 정보를 스스로 알아볼 수 있게 되었다. 누구나 겪어보지 않고 가보지 않은 세상에 대한 막연한 두려움을 가지는 것은 당연

한 것이다. 그러나 그만큼 새로운 세상을 보고 체험하는 재미와 스릴은 클 것이다. 물론 재미와 스릴을 극대화시키기 위한 준비가 철저해야 한다. 여행은 기본 정보와 지식이 얼마나 많은지에 따라 완전히 다른 경험이 된다.

패션 스타일리스트의 '맛따라 멋따라' 여행 내용이 궁금하지 않은가? 지금까지 가까운 지인이나 가족, 친구들에게만 공개하던 노하우와 추천 리스트를 공개하려고 한다. 전문적인 가이드로는 미흡한 점이 많지만 며칠 머무르는 동안 돌아보기에는 그만인 '족집게 여행 과외' 정도의 정보가 있다.

어떻게 하면 판타스틱한 여행을 할 수 있을까?

싱글들이 가장 선호하는 여행지는 가격도 비교적 저렴하고 휴식과 쇼핑, 관광, 수상 스포츠가 가능한 동남아가 아닐까?

내 주변 사람의 여행 스타일은 둘로 나뉜다. 가족이 있는 경우, 도시와 휴양지를 섞어 가는 '안전한 코스'를 선택한다. 그 이유는 휴양지가 따분하기 때문이다. 반대로 싱글인 경우, 전적으로 휴양지를 선택한다. 정오가 한참 지나서 깨도 뭐라고 할 사람도 없고 시계도 없으며 텔레비전도 없는 그런 휴양지야말로 혼자만의 시간을 보내기에 천국과도 같다.

나는 개인적으로 후자의 여행 스타일을 좋아한다. 한두 해 전 휴가로 몰디브를 간 적이 있다. 그곳은 가까운 스리랑카나 중동 지역 부유층도 자신의 요트를 타고 오기도 하는 원 앤 온리(One & Only)라는 고급 리조트였다. 섬에는 30여 채의 크고 작은 풀 빌라가 있었고 부페식 아침 식사를 할 수 있는 메인 레스토랑 외에 일본식, 프렌치식, 아랍식 등 다섯 개의 레스토랑이 있고 바가 있었다.

고급 리조트답게 각 빌라마다 담당 매니저가 있었다. 매니저는 늦은 아침에 들러 방에서 즐길 수 있는 CD나 DVD를 바꿔주고 커피나 스낵바에 필요한 것은 없는지 체크

해주었다. 또한, 오늘의 일출과 일몰 시간을 알려주고 리조트에서 당일 할 수 있는 액티비티(해상 활동)를 설명해주고 필요하면 예약을 도와주었다. 점심과 저녁 식사에 대한 계획을 물으며 필요하면 예약을 해주기도 했다. 그때 머물렀던 때가 공교롭게도 생일과 겹쳤는데 여권 상의 나의 생일을 체크해 나의 이름이 쓰여진 케이크와 꽃을 선물해 정말 퍼스널한 서비스를 느끼게 해주었다.

나는 바다에 나가 모래 사장을 밟으며 산책하다가 약간의 헤엄(수영이 아닌!)을 치고 빌라 앞 개인 풀에서 수영을 한 것 외에는 별다른 활동을 하지 않았다. 그러나 머물렀던 동안 매우 알찬 나날을 보냈다. 그도 그런 것이 한 개의 트렁크에는 중고책방에서 구입한 만화책 수십권과 평소 보고 싶었던 책으로 꽉 채웠고 극장 상영 시기를 놓

친 보고 싶었던 영화 DVD를 열 장 정도 준비했다(리조트에 텔레비전이 있는지는 홈페이지를 찾아보면 된다). 얼리어답터가 아니기에 게임은 닌텐도가 아닌 체스와 트럼프로 충분했다.

음악을 틀어놓고 풀에 앉아 책을 보면 반나절이 훌쩍 지나갔다. 배가 고프면 룸서비스를 시켰고 나른한 오후에 마시는 맥주와 와인도 훌륭했다. 리조트에 있는 레스토랑을 다양하게 경험해보고 섬 산책과 자전거도 즐겼다. 여가를 보내는 것 못지않게 뷰티 타임도 누렸다. 마사지를 한 번 정도 받고 룸에서는 미리 준비해온 목욕용품으로 바스타임도 즐겼다. 싱글이기에 밥을 챙겨주어야 할 아이도 없고 끼니를 밤에 때우든 새벽에 때우든 상관이 없다.

나는 태국 크라비나 코사무이, 발리, 랑카위 등 동남아의 휴양지로 알려진 섬도 자주 찾는다. 여기에서도 도시 여행보다 더욱 철저한 준비로 휴가 기간을 아주 값지게 보내기도 한다. 책을 읽다가 들리는 파도 소리에 잠을 청하는 하루하루는 평생 잊혀지지 않는 좋은 기억으로 남을 것이다.

이처럼 즐거운 여행을 준비하기 위한 나만의 노하우를 살짝 공개한다. 여행 정보를 얻는 법과 예약, 식사, 쇼핑에 대한 다양한 노하우들이 여기 있다.

〈 1단계 〉
유용한 여행 정보 얻기

평소 접하게 되는 잡지와 신문 기사를 스크랩하자. 잘라 보관하기 싫다면 포스트잇 컬러를 정해 여행이나 숍 정보 등으로 나눠 일관되게 붙여놓는다. 내 경우는 동남아, 남미, 유럽, 호주, 북미, 기타 지역으로 파일을 나눠서 스크랩 한다.

우리나라 사람들은 대체적으로 잡지를 사보지 않는 경향이 있다. 잡지는 감각있는 우수 인력이 정보력을 총동원해 가장 핫한 소식을 전방위적으로 담아내는 책이다. 매거진만큼 저렴한 값에 질 좋은 정보를 고급 사진과 함께 제공해주는 매체가 또 있을까. 특히 패션지에서 때때로 기획하는 여행 부록은 돈 주고도 사지 못할 최고급 정보가 담겨있다. 〈바자〉, 〈보그〉, 〈얼루어〉, 〈마리끌레르〉, 〈코스모폴리탄〉 등에서 주는 특별 부록에는 현지 패션업계 종사자나 셀러브리티가 선호하는 해외 여행지에 대해 소개되어 여행책자에는 나오지 않는 트렌디하고 핫한 곳에 대해 알 수 있다.

한국에서는 잘 알려지지 않은 유럽이나 미국인의 핫한 휴양지에 대한 정보를 얻고 싶다면 해외판 패션지를 유심히 살펴보자. 종종 특집으로 여행을 다루며 여행가서 운 좋으면 좋아하는 할리우드 스타와 마주칠 수도 있다.

대중들은 신혼 여행은 발리나 몰디브, 여름 휴양지는 태국 등으로 여행 공식이 있다.

그러나 잡지에서 정보를 얻어 우리에게는 조금 생소하지만 유럽의 트렌디 피플들이 휴양을 가는 크로아티아의 두브로브닉이나 이탈리아의 소렌토로 여행을 가면, 조지 클루니 옆에서 칵테일을 마실 수도 있고 런던 도체스터 호텔에서는 스텔라 매카트니의 옆 테이블에서 애프터눈 티를 마시는 행운이 주어질 지도 모른다.

트렌디하고 감각적인 정보도 여행의 큰 재미이지만 여행지의 역사를 이해할 때 비로소 문화도 수박 겉핥기 식이 아닌 진정으로 이해하는 힘이 생긴다. 그렇기 때문에 도시나 나라를 처음 방문할 때는 꼭 영국 돌링&킨더슬리(Dorling & Kindersley)사에서 나오는 〈아이위트니스 트래블 가이드(Eyewitness travel guides) 시리즈를 구입해 본다. 저렴한 배낭 여행을 위한 〈론리 플래닛(Lonely planet)〉 시리즈와 달리 그 지역의 역사, 문학, 음식, 예술, 건축 등의 살아있는 지식을 알기 쉽게 그림과 사진을 적절히 섞어 설명한 책이다. 여기에 소개된 호텔이나 레스토랑 등은 모두 영국인의 시야에 근거해 추천된 곳이라 한국인이 선호하는 족집게 관광 여행이 아닌 여유로운 유럽 스타일로 여행할 수 있게 해준다.

특히 장기간 한 지역에 머물 때 이 책은 매우 유용하다. 각 지역마다 30분~1시간 정도 산책하는 코스가 알기 쉽게 입체적인 지도에 그려있고 그 과정에 구경할 유서깊은 건축물이 소개되는가 하면 뮤지엄에서 지나치지 말고 꼭 봐야 할 그림이 추천되어 있다. 그 지역의 소문난 플리 마켓 등도 어김없이 소개되어 있다. 우리나라에서는 〈디키 해외여행 시리즈〉로 완역되어 출판되었고 미처 번역 출판되지 않은 도시를 위한 영문판 시리즈는 교보문고 등 대형 서점에서 구할 수 있다.

패션 브랜드에서 만드는 여행 가이드도 눈여겨 볼만 하다. 루이 비통에서는 해마다 〈트래블 가이드〉를 내놓는다. 5~6개의 도시에 대한 패셔너블하고 핫한 샵과 레스토랑, 갤러리에 대한 정보를 상세하게 표기해 세트 묶음으로 판매하는데 손바닥만한 크기라 휴대하기도 쉽고 책의 디자인 역시 심플하고 고급스럽다. 매년 새로운 정보를 업데이트해서 다시 출시하기 때문에 새로워진 정보를 얻기 좋다.

영국 잡지인 〈월페이퍼〉에서 내놓은 트래블 가이드 역시 손바닥만한 크기에 1센티미터도 되지 않는 얇은 두께라 휴대하면서 보기에 매우 좋다. 디자인과 건축, 인테리어를 주로 다루는 〈월페이퍼〉답게 베를린이나 방콕, 두바이, 파리, 런던 등 주요 도시의 볼 만한 건축물과 인테리어를 심도있게 다룬 책이다.

〈 2단계 〉
저렴하게 호텔,
교통편 예약하기

불과 십여 년 사이에 인터넷 정보망이 어마어마하게 발달한 것을 느낄 수 있을 것이다. 예전 같으면 전문가의 손을 빌려야 했지만 이제는 인터넷 검색을 통해 얼마든지 나의 입맛에 맞는 여행 스타일을 계획할 수 있다.

숙박 호텔에 대한 정보를 얻을 때는 트립어드바이저(www.tripadvisor.com)를 이용한다. 전세계 어떤 지역이든 호텔 순위를 이용객들의 피드백으로 점수를 매긴다. 숙박의 편안함, 서비스, 음식, 교통, 분위기, 이용 시설 등 매우 다양한 요소를 종합하므로 약 10위 안에 든 호텔은 100% 매우 훌륭한 곳임을 확신할 수 있다. 매우 자세한 후기가 써있어서 세심한 정보를 얻을 수 있다.

대중적으로 잘 알려지지 않은 럭셔리한 휴양지나 호텔, 팬시한 부티크 호텔 정보를 구할 때는 미국 〈트래블러 (www.cntraveller.com)〉 매거진이나 〈월페이퍼 (www.wallpaper.com)〉 사이트를 검색한다.

어떤 도시에서 가장 저렴한 숙소를 찾고자 할 때는 프라이스 라인 (www.priceline.com)에서 예약한다. 이곳은 호텔 측에서 공실률(빈 방의 비율)을 낮추기 위해 남은 방을 경매를 통해 판매하는 곳으로 시가보다 꽤 저렴한 값에 방을 얻을 수 있다. 도시 중에 동쪽, 서쪽, 남쪽 등의 대략적인 지역을 지정해 경매를 하므로 구체적으로 어느 호텔이 낙찰될 지는 알 수 없다. 방 안에서 있는 시간이 적고 대개 잠만 자게 되는 도시 여행에 적합하며, 특히 숙박비가 비싼 뉴욕이나 런던, 파리 등의 호텔을 예약할 때 매우 유용하다. 별 네 개짜리 등급을 선택해 경매에 참여한다.

요즘은 인터넷으로 전세계 어디나 기차나 버스, 렌터카 예약이 원활히 진행되고 있다. 미리 시간표나 터미널 위치 등을 체크해서 현지에서 당황하는 일이 없도록 한다. 가능하면 인터넷으로 표를 구입하는 것도 좋다. 유럽에서 렌터카를 쓰고자 할 때는 기어가 수동인지 자동인지 반드시 체크하고 예약한다. 참고로 유럽에는 오토매틱 기어가 귀하므로 사전 예약을 해야 한다. 한국인들이 많이 사는 동남아에는 한국인이

운영하는 택시 회사도 더러 있어서 지역을 이동할 때 한국어 인터넷 사이트에서 택시를 예약할 수 있다. 인건비가 저렴해 여타 운송 수단보다 낫다.

〈 3단계 〉
여행지에서 할 일 계획하기

가고 싶은 레스토랑 후보를 정해 점심에 갈지 저녁에 갈지 등에 대해 세심한 스케줄을 짜보자. 고기나 해산물, 야채, 요리 방식 등에 따라 겹치지 않도록 하려면 꽤나 고심하게 될 것이다.

휴양지에서는 상대적으로 관광이나 쇼핑할 기회가 적기 때문에 리조트에서 필요한 책이나 음악, 영화 등을 미리 준비하고 체스나 카드 등 간단한 오락물, 스파에 필요한 아로마 키트와 보디 용품, 물놀이 용 튜브, 향, 주전부리용 간식 등을 챙긴다.

쇼핑을 할 때는 현지 출신 디자이너 브랜드나 현지의 브랜드를 이용한다. 아울렛이나 세일 시즌을 파악하고 가는 것도 현명하다. 그 지역의 토산품은 다른 곳에서는 비싸거나 구할 수 없어 훌륭한 선물이 되기도 한다. 2000년 당시 필리핀 세부로 놀러가 그곳의 작은 기념품점에서 패주로 만든 접시와 스푼, 포크를 12달러 주고 사왔다. 그해 겨울 뉴욕 버그도프 백화점에서 똑 같은 제품을 300달러에 팔고 있었다.

쇼핑은 외모를 꾸며주지만 문화 투어는 양식을 살찌우게 한다. 유럽이나 미국은 기부 문화가 발달해 국립 박물관의 전시 내용은 말할 것도 없고 개인 뮤지엄의 전시 내용도 상당히 좋다. 도시 여행에는 뮤지엄 관람 스케줄을 꼭 포함하자. 교양의 수준이 달라질 것이다. 생각해보라. 면세점 쇼핑에 열광하는 싱글이 아닌 문화 생활도 누리고 예술적 상식이 풍부한 싱글 우먼. 여느 양가집 사모님을 초라하게 만드는 바로 그 사람이 될 것이다.

알아두면 좋을 몇 가지 여행 팁

1. 여행지를 정할 때는, 그 곳의 기후를 따져봐야 한다. 겨울에서 봄까지의 지중해는 비수기라 반 이상 호텔이 닫는다. 여름의 동남아나 몰디브가 있는 인도양은 우기인 경우가 많아 잘못하면 여행 내내 비 구경만 할 수 있다. 추운 날씨가 싫다면 겨울철 북동유럽도 피하는 것이 좋다.

2. 어느 정도 중요한 정보를 취합하면 기간에 따른 대충의 계획을 세워야 한다. 여행의 테마를 정해놓으면 여행지에 가서 무엇을 할 지 당황할 일이 없다. 고적 답사 여행, 명품 쇼핑 여행, 문화 여행, 그림 여행, 오페라 여행, 아울렛 쇼핑 여행, 스포츠 여행, 스파 여행 등 주제는 무궁무진하다.

3. 가보고 싶었던 곳에 대한 최소한의 정보를 포스트잇에 상세히 메모해 수첩에 끼워 놓으면 여행지에서 매우 유용하다. 현지에서 인터넷을 사용하기 어려운 경우가 많으니 만반의 준비를 하는 것이 좋다. 나는 잘 아는 곳이든 처음 가보는 곳이든 새로 업데이트된 최신 여행책자를 꼭 지니고 간다. 그것이 어떤 잡지의 부록이든 서점에서 구입한 여행책이든 상관없다. 책에서 가장 흥미로운 장소들에 표시를 하고 다른데서 얻은 정보도 포스트잇에 메모해 관련있는 섹션에 붙여놓는다.

4. 관광 산업이 발달된 나라에서는 영어가 통용되지만 그렇지 못한 곳도 간혹 있다. 찾아가고 싶은 곳이 있는데 영어로 된 주소 밖에 없다면 호텔 직원을 최대한 활용해보자. 호텔 직원은 대부분 영어가 가능하므로 주소를 보여주고 메모지에 현지어로 써달라고 한다. 택시 기사가 원하는 장소에 훨씬 잘 데려다 줄 것이며 길을 물어보게 되는 사람들도 훨씬 잘 안내해줄 것이다.

'짐싸기의 달인' 되는 법

1 트렁크 준비하기

트렁크를 마련하고자 한다면 2박3일용, 5박6일용, 7박 이상의 크기가 다른 세 가지 정도의 트렁크를 구비한다. 값비싼 브랜드의 트렁크가 튼튼하고 오래 쓰겠지만 패셔너블한 트렁크를 저렴하게 구입하여 싫증날 때 바꿔주는 것도 나쁘지 않다. 다만 검정색의 일반적인 트렁크는 사지 말자. 남들 다 사용하는 검정색 트렁크는 개성이 없어 보인다. 공항에서 짐을 부치면 다른 사람 것과 바뀌거나 잃어버리는 경우가 종종 있지만 컬러풀하거나 개성있는 트렁크를 쓴다면 잃어버리는 경우가 드물다. 생각해보자. 남의 짐을 훔쳐가는 도둑들이 열 개 이상 널려있는 검정 가방을 하나 훔쳐갈 것인가, 단 하나 뿐인 알록달록 꽃무늬 가방을 훔쳐갈 것인가. 백 미터 밖에서도 꽃무늬 가방은 눈에 띌 것이다.

그리고 명품의 값비싼 트렁크는 가급적 사지 않는 것이 좋다. 자가용 비행기도 아니고 수백 명의 짐을 비행기에 부칠 때 험하게 다뤄지므로 흠집도 잘 나거니와 값비싼 트렁크 자체가 도둑의 표적이 될 수도 있다. 내 경우에는 동대문 두산타워 가방 매장에서 7만 원(물론 깎아서!)에 구입한 2박3일용 핫핑크 트렁크와 9만 원에 구입한 7박8일용 애플

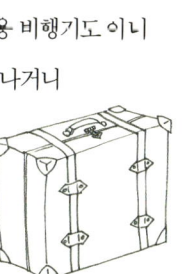

그린 컬러의 트렁크 두 개를 애용한다. 혹시나 짐이 늘어날 경우를 대비해 부피감이 적고 가벼운 나일론 빅 백을 구겨 넣어서 돌아올 땐 옷을 담아 온다.

2 옷과 속옷 챙기기

비행기를 타는 오고 가는 날은 되도록이면 아주 편한 복장을 하도록 한다. 그리고 현지에서 입을 옷은 하루에 한 벌씩, 특별한 저녁을 먹는다거나 낮 동안의 활동이 있다면 목적에 맞게 여분 옷을 준비한다. 캐주얼은 상하의를 서로 바꿔 매치해 입을 수 있게 가져가고 드레스업할 의상은 그에 어울리는 신발이나 액세서리도 생각해둔다. 넉넉하게 챙겨가면 여행지에서 당장 필요해서 사 입는 충동구매나 쇼핑을 막을 수 있다.

입을 옷을 잘 개어서 넣는다면 현지에 도착해서 다림질을 하지 않아도 말끔하게 입을 수 있다. 셔츠를 접을 땐 소매를 양쪽 한 번씩 접고 몸통 가운데 부분을 가로로 한 번 접는다. 이렇게 하면 접을 때 구겨지는 것을 최소화 할 수 있다. 트렁크의 크기는 대부분 2절지 스케치북 크기이므로 크게 접으면 모두 들어가며 공간의 남는 부분 없이 넓게 차곡차곡 쌓이므로 부피를 최소화하면서 최대한 많이 들어간다.

속옷은 신발을 구입할 때 함께 주는 더스트 백을 이용한다. 깨끗하게 보관해 두었던 더스트백에 브라와 팬티 등의 속옷과 양말, 스타킹을 나눠 구분하여 담는다. 수영복도 수영모와 수경과 함께 넣어두면 좋다. 현지에서 물에 젖은 것을 그대로 넣을 때는 호텔 룸에 있는 세탁 봉투를 이용한다.

3 액세서리와 소품 챙기기

요즘은 골드나 스톤의 값비싼 파인 주얼리보다는 패셔너블하게 착용할 수 있는 트렌디한 커스튬 주얼리를 많이 하는

추세다. 액세서리는 작은 지퍼백에 하나씩 나눠 넣어 더스트백이나 파우치에 담는다. 섬세하고 연약하여 눌리면 부서질 수 있으므로 휴지에 싸서 넣는 것도 좋다. 값비싼 파인 주얼리는 보석 주머니에 담아 비행기에 탈 때는 반드시 핸드 캐리하는 가방에 넣어 한시도 내 몸을 떠나게 하지 말고 여행지에 도착해서는 호텔 룸 안 금고에 넣어놓도록 한다. 생각보다 여행하면서 분실하는 일이 잦다.

비행기에서 신는 신발은 넉넉한 사이즈가 적합하며, 여행지에서 신을 신발은 옷에 따라 여유있게 3~5켤레 정도 챙겨간다. 날씨에 따라 운동화나 슬리퍼, 통(Thongs) 등이 평상시에 신기 좋고 특별한 저녁 식사나 나이트 라이프를 위하여 화려한 하이힐 등을 챙긴다.

가방은 기내용으로 큼직한 것, 현지에서 일상적으로 들만한 가벼운 면 소재의 토트백, 나이트 라이프 용의 화려하고 여성적인 클러치 등을 챙긴다. 무거운 명품 가죽백은 여행지에서의 어깨 근육통을 심화시키고 피로만을 더할 뿐이다.

4 미용 제품 챙기기   미용수, 에센스, 로션, 아이크림, 크림, 선블록 등을 기본으로 넣고 여행지에서는 피부가 건조해지기 쉬우므로 수분 마스크 팩이나 시트를 꼭 준비한다.

케이블 방송 〈쇼핑 앤 더 시티〉에서 김효진, 하유미와 함께 출연하는 크리에이티브 디렉터 우종완은 마흔을 훌쩍 넘긴 적지 않은 나이지만 최강희보다 더한 슈퍼 동안을 자랑한다. 눈이 동그랗고 커서 워낙 어리게 생긴데다 살이 찌지 않아 그러려니 했는데 그는 아무리 바쁘고 피곤해도 일주일에 네 번 이상 수분 마스크 팩을 한다고 한다. 출장이나 여행이 잦은 그이지만 언제 어디서건 수분 마스크 팩으로 하루를 마감한다는 것이다. 동안이나 아름다움은 정말 타고난 것 이상으로 관리가 중요하다.

한편, 하루 종일 돌아다니고 햇볕에 노출되기 쉬우므로 보디 오일이나 보디 로션 등도 챙긴다. 나이트 타임을 위한 메이크업 제품도 가져가는데 브러시나 퍼프 등 도구도 함께 챙긴다. 아무래도 여행지에서는 여유로운 시간을 만끽하는 것도 중요하니 향이나 초 등의 릴랙싱 제품도 작은 사치를 부리는 데 효과적인 제품이다.

랄프 로렌과
마크 제이콥스의 도시, 뉴욕

뉴욕은 종합선물세트라고 할 수 있다. 없는 게 없고, 즐길거리가 무궁무진하다. 4백 년이 채 되지 않은 역사이지만 월스트리트가의 금융, 브로드웨이의 뮤지컬, 링컨 센터의 음악, 뮤지엄의 미술, 5번가와 소호 등의 쇼핑과 음식 등 관광객의 모든 욕구를 채워주는 도시이기도 하다. 영화 속의 장소들 역시 매우 유명하다.

맨해튼은 실제로 걸어 다니면 지도로 보는 것보다 훨씬 넓어서 쉽게 지칠 수 있다. 남쪽 항구와 월 스트리트, 웨스트 빌리지와 미트패킹 디스트릭트, 소호와 놀리타, NYU와 이스트 빌리지, 타임스퀘어와 5번가 등으로 구역을 나누어 스케줄을 짜면 동선의 움직임을 효율적으로 할 수 있다.

나는 대학교 어학연수 시절 처음 뉴욕에 가보았다. 캐나다 밴쿠버로 연수를 떠났지만 내 마음은 이미 뉴욕에 향해 있었다. 오드리 햅번의 영화 <티파니에서 아침을>에서 주로 나오는 티파니도 뉴욕에 있으며, 가장 좋아하는 백화점 중 하나인 바니스 뉴욕도 뉴욕에 있고, 맥 라이언 주연의 영화 <해리가 샐리를 만났을 때>의 배경도 뉴욕이다. 또 감명깊게 본 영화 <뉴욕의 가을>에서는 전성기를 구가했던 위노나 라이더가 리처드 기어와 낙엽 진 센트럴 파크를 걷는 모습이 나오고 영화 <세렌디피티>에

는 어퍼 이스트 사이드에 실제 있는 유명한 디저트 가게인 세렌디피티를 구경할 수 있다. 톰 행크스와 맥 라이언이 메일을 주고받으며 사랑을 키워 나갔던 〈유브 갓 메일〉에는 뉴욕의 오래된 서점과 새로운 대형 서점, 너도 나도 스타벅스 커피를 손에 들고 출근하는 뉴요커의 모습이 보인다.

패션과 영화, 뮤지컬, 쇼핑, 문화의 도시 뉴욕은 당시 나에게 가장 가보고 싶은 별천지였다. 막상 뉴욕에 가보니 예상과 별로 다르지 않았다. 매일매일 볼거리가 가득했고 NYU에는 지성을 느낄 수 있었다. 거리거리 예쁜 셀렉트 숍으로 즐비했다. 소호, 놀리타에는 스타일리시한 뉴요커들이 가득하고 또 오래된 빵집부터 트렌디한 카페까지 다양하게 찾아볼 수 있다. 파리와 런던 등 유럽의 패셔너블한 도시를 많이 다녀보지만 뉴욕은 이렇게 뉴욕만의 개성이 강하다. 회사를 그만두고 몇 달씩 쉴 때 지냈고 일 년에도 몇 번씩 출장가기도 하는 뉴욕이지만, 가끔 엠파이어 스테이트 빌딩의 전망대에 올라갈 정도로 뉴욕은 익숙한 도시이자 또 생소한 도시이기도 하다.

다음 추천하는 곳은 관광 가이드에서 소개하는 그런 곳이 아니라 내가 뉴욕에 가면 언제든 반드시 가보는 단골집들이다.

< 박물관 공략하기 >

Metropolitan Museum of Art
5번가에서 북쪽으로 가는 버스를 타고 '가십걸'에 줄곧 나오는 어퍼 이스트 사이드를 구경하면서 세계 최고의 메트로폴리탄 미술관을 가보자. 1870년에 설립된 이 박물관은 줄여서 '메트'라고도 한다. 제대로 보려면 일주일은 걸리겠지만 시간관계상 선택해서 본다면 다른 박물관에서는 흔하게 접하기 어려운 중세의 미술과 갑옷, 이집트 미술, 앵그르의 사실주의 그림과 세잔, 고흐의 인상주의 그림, 얀 반 아이크, 다비드의 고전주의 그림을 꼭 감상한다. 유명한 패션 사학자 해럴드 코다가 큐레이터로 활동하는 의상 전시관도 놓치지 말자. 운 좋으면 특별 패션 전시회도 볼 수 있다.
1000 5th Ave. & 82nd St. 월요일 휴무.

Moma
현대 미술의 시작점이 된 피카소의 '아비뇽의 처녀', 고흐의 '별이 반짝이는 밤', 재스퍼 존스의 '성조기' 등을 볼 수 있다. 가장 번화한 도심 한복판에 이렇게 규모가 큰 미술관이 자리 잡았다니 부러움에 한숨이 나올 수밖에 없다. 금요일 오후에는 무료 입장이므로 5번가에서 쇼핑을 한 후 모마 관람을 하고 저녁 식사를 하는 스케줄을 권한다.
11 W. 53rd St. & 5th Ave 금요일 4시 이후 무료.

Frick
1800년대 후반 철강 산업으로 막대한 부를 쌓은 헨리 클레이 프릭이 유럽에서 건너와 맨해튼에 정착할 무렵 자신이 모은 많은 그림들을 서민들에게 무료로 보여주기 위해 집을 지었다고 한다. 프릭 컬렉션은 당시 살던 집을 그대로 뮤지엄으로 꾸몄기에 유럽에서 건너온 맨해튼 초창기 때의 주거 문화도 엿볼 수 있고 홀바인, 휘슬러, 프라고나르, 게인스버로, 프랑스와 부셰, 터너, 고야, 반 다이크 등 16세기 르네상스부터, 낭만주의, 신고전주의, 로코코 양식의 그림들을 예쁜 액자들과 함께 볼 수 있다.
1 E. 70th St.(bet. Madison & 5th Ave.)

Guggeunheim
사람이 사는 주택만을 지었다는 20세기 최고의 건축가 프랭크 로이드 라이트가 설계한 몇 안 되는 공공 건물 중 하나이다. 칸딘스키나 샤갈, 피카소, 모딜리아니, 마네, 페르낭 레제 등 19세기 후반과 20세기 예술가의 작품들을 전시한다. 엘리베이터를 타고 맨 위로 올라가서 달팽이관처럼 경사진 원형의 도로를 내려오면서 그림을 관람한다. 구겐하임은 건물 자체가 더 예쁘다.
1071 5th Ave. & 89th St.

< 금강산도 식후경, 뉴욕의 맛 즐기기 >

cafe habana
프린스와 브로드웨이 지하철역에서 내려 딘&델루카 슈퍼마켓 골목으로 가면 왼편에 자리한 레스토랑으로 좁고 번잡하지만 뉴욕의 시크하고 매력적인 어린 아가씨들은 모두 모이는 장소. 3.75 달러짜리 그릴드 콘을 꼭 먹을 것. 주변의 아기자기한 소품 가게나 캐주얼 멀티숍도 구경해보자.

17 prince st. at Elizabeth st.(Nolita)

Lombardi's
150년된 피자집으로 오리지널 이탈리아 피자의 맛을 즐길 수 있다. 모듬 조개 구이도 맛있고 화이트 치즈 피자를 적극 추천한다. 현찰만 가능.

32 Spring St. bet. Mott & Mulberry St.(Noho)

Cafeteria
'섹스&더 시티'에서 4명의 주인공이 자주 주말 브런치를 먹던 곳. 바나나 스플릿 와플, 샌드위치, 프렌치 토스트 등이 추천 메뉴이며 주말 밤이면 데이트하러 온 게이 커플들도 만날 수 있다

119 7th Ave at 17th st.(Chelsea)

Pastis
클래식한 프렌치 어메리칸 레스토랑. 밤에는 와인에 치즈랑 포도를 시켜 먹어도 좋고 낮에는 브런치를 먹어도 좋다. 이곳은 맛보다는 분위기가 좋은 곳으로

건너편 Vento(675 Hudson St.)도 맛 좋은 트라토리아(이탈리안 캐주얼 다이닝)이다. 주변에 제프리 뉴욕, 스텔라 매카트니, Y-3, 알렉산더 맥퀸 등의 숍이 있고 개인적으로 가장 좋아하는 캐주얼 멀티숍 Scoop 우먼, 맨, 키즈 매장이 있어 쇼핑 코스로도 좋다.

9th Ave. & Little w. 12th St.(Meatpacking District)

da silvano
사라 제시카 파커 등 셀러브리티가 자주 오는 이탈리안 레스토랑. 웨스트 빌리지에는 마크 바이 마크 제이콥스나 랄프 로렌 블루 라벨, 룰루 기네스 등 매장이 있는 블리커 스트리트가 유명하다.

260 6th Ave. bet. Houston and Bleeker St. (West Village)

Tulip Chocolate
웨스트 빌리지의 크리스토퍼 거리 제일 끝에 있는 벨기에 수제 초콜릿 가게. 옆에는 프렌치 코스메틱과 향수를 파는 매장도 있다. 근처에 맥널티 커피빈 숍도 있는데 1백년이 넘은 곳으로 온갖 종류의 티를 만날 수 있다. 선물로 그만이다.

9 Christopher St. (West Village)

fred's at Barney's
어퍼 이스트 지역에서 쇼핑을 하고 출출할 땐 바니스 뉴욕 백화점에 있는 프레드를 찾자. 어퍼 이스트 지역만의 우아한 느낌을 제대로 느낄 수 있다. 고상한 여인들이 옆 테이블에서 식사를 하고 있을 것이다.

Madison Ave.(Mid Upper East Town)

Norma's
뉴욕 최고의 브런치로 꼽히는 곳. 파커 메르디앙 호텔 1층에 자리잡고 있다. 근처를 지난다면 유명한 서점인 리졸리도 구경해 보자.

118 W 57th St. (bet. 6th Ave.&57th St.)(Mid Upper East Town)

Lupa

뉴욕에서 가장 유명한 셰프 중 하나인 마리오 바탈리가 운영하는 캐주얼한 이탈리안 레스토랑이다. 이탈리아어로만 쓰인 메뉴판이 좀 마음에 들지 않지만 후추와 치즈만으로 맛을 낸 베베테 카치오&페페 파스타를 먹으면 생각이 달라진다. 샐러드, 메인 요리 전부 맛있고 잔 와인의 양이 넉넉해 그것으로 충분하다. 와인은 웨이터에게 추천받자.

170 Thomson St.(Bleeker St.) (West Village)

〈 뉴욕의 핫이슈, 쇼핑 〉

달러 약세로 환율이 낮아짐에 따라 가격 경쟁력에 장점은 생겼지만 패션 트렌드와 흐름상 뉴욕 쇼핑의 매력이 줄어든 것이 사실이다. 파리나 런던 등 유럽의 쇼핑 도시에 비해 새로운 것이 그리 많이 등장하지는 않았기 때문이다.

뉴욕에서 가장 추천하고 싶은 백화점은 헨리 벤델(Henry Bendel 611 5th Ave. & 49th St)이다. '가십걸'에서 맨해튼 부유층 자녀들이 쇼핑하는 곳으로 내내 비춰지는 헨리 벤델은 여자들만을 위한 백화점이다. 1층에는 패셔너블하고 대중에게 잘 알려지지 않은 뷰티브랜드들과 디자이너가 만든 헤어 밴드 코너가 있고 2층에는 트렌디한 액세서리와 부티크 의상들을 자리 잡았다. 3층에는 캐주얼 데님 브랜드가, 4층에는 할인 코너와 책, 이벤트 상품들이 너무나 사랑스럽게 디스플레이되어 있다. 백화점 입구가 눈에 띠지 않아 지나치기 쉽지만 일단 들어서면 시간가는 줄 모를 것이다.

디자이너 레벨 브랜드 멀티숍으로는 여전히 바잉 파워가큰 제프리 뉴욕(Jeffrey NY 449 W.14th St.), 맨해튼 상류층의 분위기에 걸맞는 바구타 라이프(Bagutta Life 76 Greene St. & Spring St.), 벨기에 디자이너를 뉴욕에 처음 소개한 IF(94 Grand St.), 아방가르드하면서도 위트있는 옷들이 많은 오프닝 세러모니(Opening Ceremony 35 Howard St. & Broadway) 등을 추천한다.

뉴욕 쇼핑에서 가장 추천하고픈 곳들은 뭐니뭐니 해도 세븐이나 트루릴리전 등의 프리미엄 데님과 스플렌디드 등의 코튼 톱 브랜드 등을 살 수 있는 캐주얼 멀티숍이다. 가장 미국적이면서 세련된 '셀러브리티식 캐주얼'을 연출할 수 있는 아이템을 꼭 사야 한다. 스쿱 NYC(Scoop NYC 430 W. 14th St.), 스티븐 알란(Steven Alan 103 Franklin St.), 인터믹스(Intermix 1003 Madison Ave. & 77th St.), 퍼피(Poppy 281 Mott St.), 바니스 코업(Barney's Co-op 660 Madison Ave.&60th St.) 등 맨해튼 곳곳의 멀티숍에서 구입할 수 있다. 사면 두고두고 입을 것들이 가득하다.

잠깐 짬을 내어 아울렛을 가고 싶다면 센추리 21(Century 21 22 Cortlandt St, 소호에서 택시 타는 것이 가장 가기 쉽다.)에 가본다. 빅터&롤프, 존 갈리아노 등 디자이너 브랜드의 파격 할인 상품이 기다리고 있다.

인테리어 안목을 높이기 위해서 놓쳐서는 안될 곳이 NYU 근처의 ABC 카펫&홈 (ABC Carpet&Home 881 Broadway &19th St)이다. 4층까지 전 매장에 보물 같은 인테리어 제품이 가득하다.

〈 뉴욕의 나이트 라이프 〉

너무나 인기가 있어 시즌 6까지 만들어지고 또 영화의 성공에 힘입어 2탄까지 나오는 〈섹스 & 더 시티〉는 싱글 우먼들의 로망 라이프이다. 잡지에 나오는 시즌의 트렌디한 명품 옷을 척척 입고 슈어홀릭이 가장 탐내는 신발 마놀로 블라닉은 집안의 휴지처럼 나뒹군다. 뉴욕에서 가장 핫한 레스토랑에서 여자 넷이 브런치를 먹고 금요일 밤엔 가장 화려한 옷으로 갈아입고 바로 가는 그녀들의 삶은 바로 우리가 꿈꾸는 스타일리시한 싱글 라이프인 것이다.

실제로 뉴욕에는 결혼해서 가정을 이룬 사람보다는 싱글 남녀들이 더 많이 살고 있다. 뉴욕 지하철을 타면 60여 개의 언어를 들을 수 있을 만큼 다양한 인종과 나라의 사람들이 이방인으로 와서 살고 있기도 하다.

다시 말해 '외로운 영혼'이 많은 뉴욕에는 저녁이 되면 팍을 찾는 외기러기처럼 바나 클럽 등으로 싱글들이 몰려든다. 칵테일을 하면서 여자 친구끼리 수다를 떨면 같은 숫자의 남자 무리가 함께 놀며 말을 걸어오기도 한다.

기자를 하다 바쁜 기자 생활에 염증을 느껴 홀로 뉴욕을 떠나 몇 달간 생활한 적이 있다. 내가 있던 아파트는 방 하나에 부엌 딸린 거실로 첼시 쪽에 있었다. 비슷한 나이에 다양한 직업을 가진 싱글 남녀가 많이 살았는데 두어 달에 한 번씩 아파트 측에서는 작은 홈파티를 열었다. 그 아파트는 40층이 넘는 고층이지만 5층 정도 높이에 야외 가든이 있었다. 거기에서 바비큐 그릴을 설치해 핫도그와 햄버거를 만들어주고 약간의 샐러드와 과일, 무제한의 와인과 맥주를 제공하는 편안한 분위기의 단란한 파티였다. 나 역시 일상이 무료하기도 하고 색다른 경험도 하고 싶어 그 파티에 참석했다. 아파트에 사는 몇몇의 싱글들이 인사와 가벼운 주제의 대화를 했고 그 중에는 아파트 주민의 친구들도 함께 놀러왔다. 그 중 몇몇의 남자들은 나에게 말을 걸어왔다. 학생도 있었고 병원의 인턴으로 근무하는 이도 있었다. 자기가 갔던 맛있는 레스토랑 얘기, 아시아 여행 등 여러 가지에 대해 즐거운 대화가 이어졌다. 내가 좀 더 적극적이었다면 그 중의 누군가가 초대한 햄튼으로의 주말 피크닉도 가능했겠지만, 어쨌든 로맨틱 코미디 영화에서 보던 그런 장면을 나도 경험하던 순간이었다.

뉴욕에서는 이러한 일들이 아주 빈번하게 일어난다. 로맨스를 꿈꾸는 싱글우먼들이여, 부디 뉴욕으로 향하기를!

패션의 절대 최강 도시, 파리

파리는 처음 방문해서는 그 매력을 절대 느끼지 못하는 곳이다. 오히려 우중충한 날씨며 불친절한 사람들, 꼬불꼬불 찾기 어려운 길과 알아듣기 어려운 말들과 표지판에 덜컥 겁을 집어먹게 된다. 그러나 파리는 두 번, 세 번 그 이상 가게 되면 사랑하지 않고는 못 배기는 도시이다. 지하철 입구에서 울려 퍼지는 길거리 악사의 아코디언 멜로디, 노천 카페의 테라스에는 길을 향해 앉아 대화를 나누고 담배를 피우는 파리 사람들이 넘쳐나고, 앙상한 나뭇가지와 대리석 건물과 어우러진 하늘 모두 파리를 사랑하게 하는 요소들이다.

파리는 서울 강북처럼 오래된 도시라 길을 파악하기가 쉽지 않다. 그러나 중요한 구역 몇 개만 익혀놓으면 길 찾기가 그리 어렵지 않을 것이다. 개선문과 에르메스, 랑방, YSL 부티크가 있는 명품 거리 생또노레와 샤넬, 디올 부티크가 있는 몽타뉴 거리가 있는 샹젤리제 구역, '모나리자'가 있는 루브르 박물관의 튈리리 구역, '오페라의 유령'에 나오는 오페라 극장이 있는 오페라 구역, 현대 미술관인 퐁피두 센터가 있는 레 알, 파리의 힙한 젊은이들이 모이는 마레, 카페 드 플로르처럼 카페의 역사가 시작된 생 제르맹 데 프레, 세르쥬 갱스부르가 잠든 묘지가 있는 몽파르나스, 물랑루즈가 있는 몽마르트르, 인상파 그림의 보고 오르세 뮤지엄이 있는 뤽상부르 구역 등 9구역을 마스터한다면 파리는 더 이상 생소한 곳이 아닐 것이다. 노점에서 파는 ABC 맵을 3유로에 사서 들고 지하철로 다니면 가지 못할 곳이 없다.

Etienne Marcel   젊은이들이 많이 모이는 장소. 디젤, 더크 비켐버그처럼 터프한 캐주얼 숍이 많다. 코스테 음반으로 유명한 코스테 형제의 카페 에티엔느 마르셀(Cafe´ Etienne Marcel 34 rue Etienne Marcel)에서 늦은 밤 프렌치 프라이와 햄버거를 먹어보자. 유명한 아트디렉터 M/M 파리가 디렉팅한 카페의 레트로적이면서도 퓨처리스틱한 공간이 큰 특징이다. 바로 옆 세컨핸드숍 킬리

워치(Kiliwatch 64 rue tiquetonne)와 맞은 편 디아블레스(Diab'less 40 rue Etienne Marcel)과 가부키(Kabuki 25 rue Etienne Marcel)도 사랑받는 숍이다.

Avenue des Champs-Élysées 지하철 1호선을 타고 조르주 생크(Georges V) 역에 내리면 파리의 상징인 개선문이 보인다. 개선문을 등지고 큰길을 따라 걸으면 콩코드 광장과 르부르 박물관, 튈리리 정원에 다다를 수 있는데 이 곳이 태양왕 루이 14세가 베르사유 궁전을 짓기 전까지 왕궁으로 사용되었던 곳이라고 한다.

갭과 맥도널드, 자라 등 대형 체인점들이 자리하고 있는데 관광객이 많은 만큼 소매치기를 조심해야 한다. 특히 패스트푸드점이나 지하철 등 사람들이 붐비는 곳에서는 순식간에 소매치기를 당할 수 있으니 핸드백 주머니를 꼭 닫고 다닐 것.

내가 세 번째 파리를 방문했을 때였었던가. 당시 나는 〈바자〉 에디터로 일하며 파리 컬렉션을 취재하기 위해 포토그래퍼 오중석과 함께 파리에 방문했다. 지금은 인터넷 쇼핑몰 슈가팩토리의 사장님이 된 당시 〈보그걸〉 기자인 배수현과 함께 호텔방을

쓰며 약 2주간의 일정을 소화하고 있었다. 매일매일 아침 8시부터 밤 12시까지 컬렉션 쇼 관람이 이어지는 빡빡한 스케줄이었지만 틈틈이 쇼핑도 하고 숍이나 피플 취재도 하며 활기차게 다녔다. 당시 헤어스타일리스트 김정한과 스타일리스트 서은영 역시 한 호텔에 머물면서 우리는 대군단처럼 종횡무진 누비며 쇼를 보러다녔다. 쇼 일정이 중반을 넘어 후반으로 향하고 있었을 때였던가. 나는 함께 간 동료와 선배들에게 맛잇는 프렌치 레스토랑의 정찬과 핫한 클럽에서 음료를 사기 위해 택시비와 식비를 아껴가며 모은 현금을 두둑이 들고 나왔다.

쇼 중간 샹젤리제의 패스트푸드점에서 햄버거를 먹으려고 줄을 섰다. 계산하려고 지갑을 찾는 순간 소매치기를 당한 것을 알아차렸다. 그날 나는 어리석게도 호텔비 등 경비로 가져간 현금을 모두 들고 나왔고 하필 돈 냄새를 맡은 소매치기에게 딩하고 만 것이다. 나는 얼른 파리 통신원에게 전화해 신용카드 도난 신고를 부탁했다. 어리석은 나 때문에 차비도 없어 포토그래퍼 오중석은 물론 스탭들 모두 하루 몇 킬로미디는 에서로 걸어다니고 쇼장에서 주는 음식 외에 아무것도 사먹지도 못했다. 파리 한복판에서 시크한 한국의 패션피플 몇 명이 사실은 땡전 한 푼 없는 거지였단 사실이 지금은 너무나 즐거운 추억거리가 되었고 그 이후 나는 해외에 나가면 절대 핸드백 지퍼를 열어놓은 채 다니지 않는다. 사람이 많은 곳이면 항상 백을 안쪽으로 껴안 듯 품에 품고 정기적으로 지갑 등 귀중품을 체크하게 되었다.

쭉 내려오다 샹젤리제 클레망소 지하철역을 끼고 우회전하면 알렉상드르 3세 다리(〈파리의 연인〉에 나왔던 곳)가 있다. 맑은 날씨라면 다리를 건너면서 사진도 찍자. 샹젤리제 거리에서 좀더 루브르 방면으로 오면 그 유명한 퐁뇌프의 다리가 있고 그 다리를 건너 건너편 시테섬에도 가보자. 과거에 정치범 등을 수용했던 감옥이라 음울한 분위기이지만 현재는 꽃시장이 있어 독특한 느낌을 자아낸다.

르 마켓(Le Market, 15 Avenue Matignon) 레스토랑은 세계 요리에서 영감받은 퓨전 음식을 먹을 수 있다. 뤽 베송 감독이 투자한 것으로 유명하다. 바로 옆 너바나(Nirvana, 3 Avenue Matignon)는 지하가 클럽으로 몽환적인 인테리어와 동양풍의 음악이 특징이다. 물 관리(?)를 철저하게 하고 있으니 드레스업하고 갈 것.

샹젤리제 거리 좌우에는 쇼핑으로 유명한 몽타뉴와 깡봉 거리, 생또노레 거리가 있다. 샤넬과 디올 본 매장이 있는 깡봉 거리에는 파리 3대 멀티숍으로 불리는 마리아 루이사(Maria Luisa2 Rue Camnon)가 있다. 비록 자신의 취향과 맞지 않아 사고 싶은 옷이 없다 한들 상품을 바잉하는 기획력과 숍의 일관된 이미지는 보는 것만으로도 벅찬 숨을 쉬게 한다. 몽타뉴 거리의 메종 블랑셰(La Maison Blanche, 15 Avenue Montaigue)는 세느강이 보이는 아름다운 뷰를 자랑하는 정통 프렌치 레스토랑이다. 프랑스 상류층 사람들이 많이 찾는 곳. 이제는 한국에도 제법 괜찮은 프렌치 다이닝 여럿 소개되고 있다. 이들 레스토랑에서 프랑스 음식에 대해 경험해보고 파리에서 정통 프랑스 음식을 먹어본다면 매우 색다른 경험이 될 것이다.

몽타뉴 거리에서 좀더 세느 강변 쪽으로 올라가면 팔레 드 도쿄(Palais De Tokyo 13 Ave. du President Wilson)가 보인다. 신인 아티스트들의 작품도 전시하는 멀티 공간

으로 카페, 레스토랑, 서점, 멀티숍 등이 모여있는 매우 핫한 곳이다.

샹젤리제 거리에서 한 블록 떨어져 평행으로 이어진 생또노레 거리에는 세계적인 멀티숍 콜레트(Colette 213 rue Saint-Honore)가 있고 그 옆에는 코스테 라운지 CD로 유명한 호텔 코스테(Hotel Costes 239 Rue Saint-Honore)가 있다. 수영장, 테라스, 바와 라운지까지 갖춘 코스테 호텔은 객실이 약 40여 개로 예약하기 무척 힘들다. 숙박이 어렵다면 꼭 트렌디한 피플 사이에서 식사나 음료를 해보자. 생 또노레에는 랑방, 에르메스, 디올, 샤넬, YSL, 고야드, 미우미우 매장 등이 있다. 명품을 내 것으로 만들긴 힘들어도 아름다운 윈도우 디스플레이와 역사, 고유의 분위기는 흠뻑 즐길 수 있다.

Saint Sermain　　파리의 카페 문화가 시작된 곳은 세계 카페 역사가 시작된 곳이다. 지금에야 시간나면 커피를 홀짝이면서 담배를 피우며 담소를 나누던 곳이지만 '형이상학적' 사고를 하던 1920년대에 지식인들이 모여 초현실주의, 실존주의와 같은 다차원적인 철학적 문제를 논하던 곳이다. 대표적인 곳은 카페 드 플로르(172 boulevard Saint Germain 75006)와 레 되 마고(Les Deux Magots)로 운 좋으면 요지 야마모토나 칼 라거펠트 옆에서 론 카페(에스프레소를 지칭하는 말)를 마실 수 있다. 힙한 인테리어의 아르마니 카페(149 boulevard Saint Germain)도 이 구역에 있다.

MONTPARNASSE 몽파르나스를 찾는 이유는 딱 두 가지이다. 몽파르나스 묘지와 봉 마르셰 백화점 때문이다. 몽파르나스묘지(3 Blvd Edgar Quinet)는 19세기 초기 나폴레옹에 건설되었는데 〈악의 꽃〉의 저자 보들레르, 낭만파 화가 브랑쿠시, 음악가 카미유 생상, 장 폴 사르트르와 시몬느 드 보봐르, 사진가 만 레이, 〈네 멋대로 해라〉의 여주인공 장 시벅, 패션 아이콘 샤를로트 갱스부르의 아버지이자 상송 가수 세르주 갱스부르가 영원히 잠든 곳이다.

봉 마르셰(22-24 Rue de Sevres)는 프랑스 백화점 중 가장 패셔너블하여 쇼핑하기 좋은 곳이다. 1층 식품 매장 역시 훌륭하며 백화점 주변의 작고 아기자기한 숍들도 좋은 구경거리이다.

Marais 서울의 청담동, 뉴욕의 소호쯤 되는 마레 구역은 가장 트렌디한 레스토랑이나 숍이 많은 곳으로 꼽혀 파리의 멋진 젊은이들은 주말 저녁이면 이곳으로 모인다. 뱅 & 올룹슨 오디오며 엣지있는 로비 인테리어 등으로 유명한 무라노 어반 리조트 호텔(Murano Urban Resort Hotel 13 Bl. Du Temple), 빈티지 느낌의 아이템 바잉으로 패셔니스타에게 인기를 얻고 있는 멀티숍 올가(Olga 45 Rue de Turenne), 레페토, 클로에 등을 바잉하는 샤인(Shine 15 Rue de Poitou), 이자벨 마랑(Isabel Marant 47 Rue de Saintonge) 등을 구경하다 보면 시간가는 줄 모를 것이다.

Chateau de Versailles 파리에 갔다면 한 번쯤은 베르사유 궁전을 볼 만하다. 번성했던 군주주의 시절의 위용이 그대로 드러나며 앙트와네트의 숨결이 묻어있는 듯한 착각을 준다. 연일 무도회가 열렸다는 거울의 방과 귀족들이 사랑의 밀어를 속삭였을 듯한 미로 정원이 관람의 백미이다. 〈유리가면〉, 〈엘 세뇨르〉, 〈내 이름은 미스터 블랙〉, 〈북해의 별〉 등 대서사 순정만화를 좋아했던 팬들이라면 더욱 감회가 새로울 듯. 몽파르나스역에서 국철로 15분 걸려 베르사유 샹티에역에 하차하여 도보로 약 15분 걸린다. 휴일은 월요일이다.

Must see List

파리에 머무는 동안 꼭 할 일이 박물관과 뮤지엄을 가는 것이다. 입장료를 냈다고 전부 다 볼 생각을 하면 시작부터 지친다. 루브르 박물관(www.louvre.fr)에서는 영화 《다빈치코드》의 무대가 되었던 유리 피라미드와 레오나르도 다 빈치의 '모나리자', 밀로의 '비너스' 조각상, 한스 홀바인의 '에라스무스의 초상화', 프랑스 혁명의 상징으로 여겨진 들라크루아의 '민중을 이끄는 자유의 여신', 다비드의 '오라티의 맹세' 등을 꼭 관람한다. 그리고 르부르 근처에 카페 룩(Café ruc 159 rue Saint-Honore)은 호텔 코스테를 만든 코스테 형제가 운영하는 레스토랑으로 매우 아름다운 사람들이 즐겨찾는 곳이다. 관람 후 차 한 잔의 여유를 찾아보자.

셍 제르맹 데 프레에 있는 오르세 뮤지엄(www.musee-orsay.fr)에는 여자들이 좋아하는 '예쁜' 그림들이 많다. 마네의 '올랭피아', '풀밭 위의 식사'와 모네의 '수련', 로댕의 '지옥의 문', 고갱의 '아름다운 천사', 르누아르의 '갈레트 풍차에서의 춤' 같은 유명한 그림의 위대함을 실제로 느껴보자. 백 마디 말이 필요 없다.

Must eat List

1. Amorino(47 Rue Saint Louis en L'lle 75004)
형무소를 재개발해 관광지로 만든 시테섬에서 반드시 가볼 아이스크림 가게. 젤라또가 매우 유명하다.

2. Cuisine & Confidences 2(19 Pl. Du Marche Saint-Honore 75001 +33 01 42 86 06 58)
일요일 낮 셍또노레에서 쇼핑을 즐긴 후 가벼운 브런치는 이곳에서 하면 좋을 듯.

3. Kong (1 Rue du Pont Neuf 75001 +33 (0)1 40 39 09 00
《섹스&더 시티》에 나왔던 레스토랑으로 필립스탁이 디자인해 볼거리는 많지만 음식이 맛 없으므로 음료 한 잔 하면서 야경 감상을 더 추천한다.

4. Yen(22 Rue Saint-Benoit 75006 +33 01 45 44 11 18)
초보 미식가에게 연일 이어지는 프렌치 퀴진만큼 고역인 경우도 없는 듯. 유럽 사람들도 좋아하는 일식집으로 트렌디하다.

5. Baccarat(11, Pl.Des Etats-Unis. 75016 tel +33 (0)1 40 22 11 00)
가장 유명한 크리스털 브랜드 중 하나인 바카라에서 운영하는 곳. 크리스털로 만든 조형물이 특히 아름다운 가장 파리다운 곳이다.

6. CafeVery(Jardin des Tuileries 75001 +33 01 47 03 94 84)
매 시즌 컬렉션이 열리는 틸리리 정원의 카페.

펑키 패션의 탄생지, 런던

런던은 패션 피플에겐 뉴욕이나 파리와는 다른 개성있고 위트넘치는 또 하나의 패션의 본고장으로 여겨진다. 패션계의 악동 존 갈리아노와 알렉산더 매퀸의 출신지로 런던 패션계는 잠시 동안의 침체기를 벗어나 새로운 부흥의 조짐을 보이고 있다.

유럽 대륙 서쪽에 위치한 섬나라로 대영 제국의 영화를 누린 화려한 과거부터 피 한 방울 흘리지 않고 민주주의를 일궈냈는가 하면 지금도 영국 왕 일가는 국민의 사랑을 받는 상징적 존재로 자리하는 등 매우 유니크한 나라이다. 창작 뮤지컬의 제작은 뉴욕 브로드웨이보다 더욱 활발하게 이뤄지고 있고 젊은이들이 모이는 코벤트 가든이나 소호는 볼 거리, 놀 거리가 풍부하다. 산업 혁명이 시작된 곳답게 문화, 관광, 산업 등 모든 면에서 무시할 수 없는 영국, 가보면 느낄 수 있다.

내가 친한 패션 피플 중에서도 런던에 정착해있는 사람들이 많다. 타임 옴므 디자이너를 하다가 런던으로 유학을 떠난 최유돈은 한국을 떠난 지 5년이 넘었지만 여전히 돌아올 생각을 하지 않고 심지어 거기서 자신의 컬렉션을 런칭했다는 반가운 소식이다. 패션 화보를 찍을 때 언제나 단짝처럼 함께 했던 헤어 스타일리스트 주형선은 국내 정상급으로 인정받았지만 과감히 배고픈 유학을 택해 지금 세계적인 브랜드 광고와 쇼 헤어 스타일링을 하느라 세계를 다니며 맹활약하고 있다. 물가 비싼 런던이지만 한 번 발을 디디면 헤어나지 못하는 매력적인 도시가 바로 런던인 것 같다.

놓치면 후회할 런던 갤러리

런던에서 꼭 가봐야 할 박물관은 빅토리아 & 알버트 뮤지엄 (Victoria and Albert Museum, Cromwell Road SW7)이다. 왕립 박물관으로 중세부터 근대에 걸친 유럽 미술을 모아놓은 곳인데 특히 패션 복식 박물관 파트는 벨기에 안트워프에 있는 MOMU, 뉴욕 메트로폴리탄의 복식 박물관과 함께 최고의 전시를 볼 수 있는 곳 중 하나이다. 나는 런던에 갈 때면 홈페이지에 들러 특별 전시회 정보를 얻어간다.

사우스켄징턴 역에 내려 하이드 파크를 쭉 걸어 내려오면 브롬톤(Brompton) 로드의 부촌을 지나자마자 빅토리아&알버트 뮤지엄이 나온다. 특별 전시 외에도 15~19세기 드레스나 당시 가구로 꾸민 방, 앤티크 주얼리 등이 전시되어 있어 보는 재미가 쏠쏠하다.

테이트 모던 갤러리(Tate Modern, Holland St SE1, Southwark Station)는 현대 미술 모아놓은 곳이다. 무용지물이 된 폐쇄된 화력 발전소를 대대적으로 리뉴얼하여 갤러리로 꾸몄는데 기묘한 외관과 독특한 현대 설치 미술의 조화가 꽤 흥미롭다. 로댕의 〈입맞춤〉, 마크 러스코의 〈검은색 위의 밝은 붉은색〉, 자코메티의 〈구성〉 등과 특별 전시전을 꼭 챙겨보고 1층 서점에서 아트북을 골라본다. 근처에 더 앵커(The Anchor, 34 Park St. SE1) 라는 매우 오래된 펍이 있다. 테이트 모던 갤러리가 8시쯤 끝

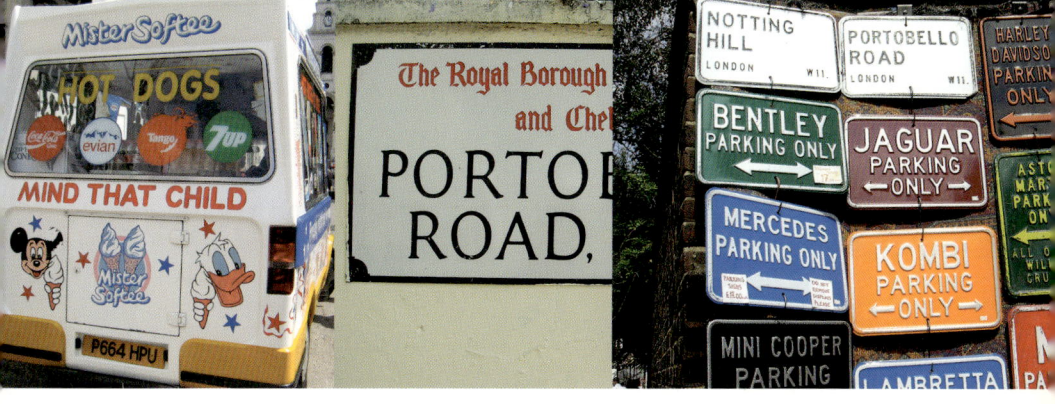

나면 슬슬 걸어서 앵커에서 영국 맥주 한 잔 하는 것도 좋다.

내셔널 갤러리(National Gallery, Trafalgar Sq WC2)는 15~19세기 예술 모은 박물관이다. 레오나르도다 빈치, 얀 반 에이크, 홀바인 같이 유명한 화가의 그림을 많이 소장하고 있다. 〈진주 귀고리를 한 소녀〉를 그린 베르메르, 르누와르, 〈해바라기〉의 고흐 등 르네상스 시대부터 인상파 시대까지 가장 회화가 번성했던 시기의 그림이 모여있어 문외한이라도 쉽게 감동을 받을 수 있을 것이다. 없는 것이 없어 볼 것이 너무 많은 대영 박물관보다 오히려 이 곳을 추천한다

런던아이(London Eye) 근처에 가면 사치 갤러리(Saatchi Gallery, Duke of york's HQ King's Road, Chelsea SW3 4RY)에 꼭 들러보도록 하자. 현대 미술계의 큰손인 찰스 사치가 운영하는 갤러리로 데미안 허스트 등 컨템포러리 아트의 진면목을 볼 수 있다. 여기서 거의 처음으로 충격적이고 자극적인 현대 미술의 일면을 접하게 되었다.

강추! 핫 쇼핑 플레이스 나이츠브리지(Knightsbridge) 역 근처에는 럭셔리 브랜드 부티크가 모여있는 것으로 유명하다. 푸치, 디올, 샤넬, 브라운스, 지미 추 등이 모여있고, 하비 니콜스(Harvey Nichols, 109~125 Knightsbridge SW1X 7RJ) 백화점은 주기적으로 바뀌는 드라마틱한 윈도디스플레이로 유명하다. 런던 내 백화점으로는 감도도 제법 높고 럭셔리 브랜드가 많아 한국인들이 쇼핑하기

에 꽤 좋은 곳이다. 늦여름과 늦겨울 런던을 방문하면 꼭 한 번 들르자. 타도시에 비해 인기 상품이 남아있을 확률이 높다. 버버리나 멀버리, 폴 스미스 등의 영국 브랜드는 파운드 환율이 높다 해도 다른 곳보다 저렴하다. 하비 니콜스에서 놓쳐서는 안될 또 하나의 볼거리는 바로 맨 위층의 식품관이다. 일관되게 포장된 잼이나 파스타, 소스 등은 사지 않고는 못 견디게 만든다. 차나 커피, 컵, 앞치마 등은 여행 선물로도 매우 훌륭하다.

런던에서는 흔히 알려진 브랜드보다는 영국 디자이너 브랜드를 구입해보는 것도 좋다. 베이직하면서도 심플한 디자인에 위트있는 디테일이 오랫동안 즐겨입기 적합하기 때문이다. 마가렛 하우웰, 프링글, 클레멘츠 리베이로, 엘리 키시모토, 자스퍼 콘란, 고스트, 프린, 오즈왈드 보탕, 템펄리 런던, 비비안 웨스트우드, 폴 스미스 등의 이름에 주목해본다.

옥스퍼드 지하철역 근처에는 톱숍(Top Shop, 214 Oxford Street)과 H&M 플래그십 스토어가 자리잡고 있다. 런던에서 짧은 시간 안에 쇼핑을 해야 한다면 이곳으로 가야 한다. 톱숍 지하 1, 2층에는 톱숍이 후원하는 런던 패션 위크에 참여하는 디자이너 제품들을 구입할 수 있고 1층에는 평균 10만 원 이하의 슈즈 컬렉션이 매우 만족스럽다. 스타일 아이콘 케이트 모스가 디자인에 참여하는 라인도 있다. H&M 역시 유럽

내 스웨덴 다음으로 제품의 구성이 다른 어느 곳보다 좋기 때문에 살 것이 많이 발견된다.

리버티(Liberty, 210-220 Regent st W1) 백화점은 뉴욕의 헨리 벤델이나 바니스 뉴욕과 비교할만한 고감도의 개성있는 백화점이다. 1층의 코스메틱 매장은 진열과 디스플레이, 상품 구성이 매우 좋다. 몰튼 브라운(Molton Brown, 58 South Molton St W1)의 클래식한 용기에 담긴 보디 제품은 영국스러워서 선물로 좋다.

일요일 여는 벼룩 시장 페티코트 레인(Petticoat Lane, Middlesex, 리버풀 스트리트역)과 올드 스피타필즈 마켓(Old Spitafields Market, 리버풀 스트리트 역)은 휴일 아침 일찌감치 일어나서 돌아다니기에 안성맞춤인 곳이다. 벼룩 시장이야말로 런던 여행의 백미가 아닐까. 올드 스피타필즈 마켓 근처에는 콕 터번(Cock Tavern, East Poulty Avenue EC1)이라는 작은 델리가 있는데 여기서 먹는 2파운드짜리 아침식사는 정말 근사하다. 런던 노동자들이 자주 들르는 곳으로 에그 프라이와 흰 빵, 소시지와 영국식 베이컨의 조화가 매우 만족스럽다.

영화 〈노팅힐〉의 배경이 된 노팅힐과 포토벨로 로드는 노팅힐 게이트 지하철 역을 나오면 쉽게 찾을 수 있다. 포토벨로 마켓은 일요일에 열지 않으므로 토요일 오전이 좋다. 〈노팅힐〉의 주제가 'She'를 흥얼거리면서 저마다 개성넘치는 작고 아담한 골동품 가게와 서점, 과일 가게, 퍼브를 지나보자. 햇살이 더욱 따뜻하게 느껴질 것이다.

영국에서는 영국식으로 먹어라   영국과 홍콩에 갈 때 꼭 해주어야 하는 것이 바로 잉글리시 애프터눈 티 마시기이다. 태국이나 인도 등 대영제국의 손길이 뻗쳤던 곳에는 어김없이 이 문화가 남아있는 것을 알 수 있다. 점심과 저녁 사이 출출한 시간을 위해 3단 트레이에 초콜릿과 샌드위치, 빵 등이 서빙되고 질 좋은 홍차를 마시는 영국만의 문화이다. 한국인의 소식 습관에는 점심을 건너뛰고 먹기에 딱 알맞다. 리츠 호텔(Piccadilly W1)이나 클레어리지(Clairidge) 호텔, 브라운스(Brown's Albemarle Street) 등 유서깊은 고급 호텔 1층 살롱에서 클래식한 잉글리시 애프터눈 티를 맛볼 수 있다. 트렌디하고 핫한 잉글리시 애프터눈 티를 마시고 싶다면 티 팰리스(Tea Palace, 175 Westbourne Grove W11)로 향해보자. 1백50여 가지의 티를 맛 볼 수 있고 홈메이드 머핀, 꿀과 딸기잼이 함께 제공되는 따뜻한 스콘을 케이트 모스와 함께 먹게 될지 모른다.

추천 레스토랑 런던을 사랑하는 사람들도 이구동성 '런던 음식이 맛없다' 고 외친다. 하지만 여행에서
먹는 기쁨은 놓쳐서는 안될 포인트. 런던에서도 가장 맛 좋은 곳을 추천한다.

● Locanda Locatelli: 8 Seymour St. W1H 7JZ +44 080 7935 9088
이탈리아의 인기 셰프인 로카텔리가 이끄는 런던의 톱 레스토랑 중 하나로 이곳에서 먹어보았다는 자체가 자랑이다. 추천 메뉴를 즐기자.

● Wilton Place:The Barkeley 호텔 1층의 레스토랑, Knightsbridge SW1X 7RL +44 020 7235 6000
포멀한 다이닝을 즐기기 좋다.

● St Alban: Rec House 4-12 Lower Regent St. SW1 +44 020 7499 8658
패션 피플에게 인기있는 레스토랑. 매우 트렌디하고 시크하다. 이곳에 오는 사람까지도!

● Lounge Lover :1 Whitby St. E1 +44 020 7012 1234
트렌디한 바로 클럽 칵테일 추천한다. 뭘 마시기보단 누가 오는지에 대해 주목할 것

● Automat: 33 Dover St. Mayfair W1S 4NF +44 020 7499 3033
도버 스트리트에 위치한 미국식 다이너로 햄버거 추천이며 브런치는 예약하지 않고 먹을 수 없을 정도로 인기이다.

● Yauatcha: 15 Broadwick St. W1F 0DE +44 020 7494 8888
런던에서 가장 트렌디한 동네인 소호에 스타일리시한 차이니즈 레스토랑이다. 딤섬과 와인으로 클럽에서 신

- Arbutus: 63~64 Frith St. W1D 3JW +44 020 7734 4545
미슐랭의 스타 레스토랑이지만 가격은 그다지 비싸지 않다.

- Sally & Clarke's: 122 Kensington Church St. W8 +44 020 7229 2190
델리 겸 카페로 타르트와 케이크, 피자, 포카치아 등 간단한 식사와 디저트로 인기가 있다. 빵, 수프 등을 추천한다.

Hot 7 Shops in London

1. 브라운스 포커스(Browns Focus 38~38 South Molton Street)
록산다 일린칙, 수퍼 파인 데님 등 가장 핫한 브랜드를 모아놓은 트렌디한 멀티숍

2. 다이버스(Diverse 294 Upper Street)
클레멘츠 리베이로, 릭 오웬, 안틱 바틱 등 내추럴하면서도 세련된 감성을 가진 디자이너 제품이 많은 숍

3. 비 스토어(B Store 24A Savile Row)
거장 테일러들이 모여있는 새빌 로에 위치한 곳으로 마크 제이콥스, 골로 에 등 신발 편집 매장이 특히 돋보인다. 굽에 프린트가 있는 B 슈즈는 저렴한 가격으로 더욱 인기.

4. 도버 스트리트 마켓(Dover Street Market 17~18 Dover St.)
런던을 다시금 패션 선진 도시로 몇 단계 끌어올린 견인차 역할을 한 곳으로 영화 세트 디자이너들이 디자인한 실내 인테리어가 특히 멋지다. 파리에는 팔레 드 도쿄(파리편 참조)가 있다면 런던에는 도버 스트리트 마켓이 있다.

5. 커트 게이거(Kut Geiger 65 South Molton Street)
예쁘고 저렴한 신발로 런던 패셔니스타들에게 인기를 끌고 있다.

6. 도어스 by 자스 MB(Doors by JAS MB 8 Ganton Street)
우리나라 멀티숍 쿤(Koon)에서도 바잉하는 자스MB는 낡은 듯한 가죽에 아무런 무늬나 로고 없는 심플한 디자인이 시크해 많은 사랑을 받고 있다. 토트백이나 볼링백 뿐아니라 백팩, 서류가방, 미니백 등 다양한 디자인을 모아놓은 숍이다.

7. 캐스 킷스턴(Cath Kidston 322 Kings Road, 28-32 Shelton Street)
영국하면 떠오르는 코지한 분위기의 꽃 모티브 숍. 리빙, 패션, 잡화, 액세서리, 인테리어, 가드닝 제품 등 컨셉추얼한 상품들로 가득하다. 코벤트 가든에 새로 생긴 숍이 넓어서 상품 구색이 다양하다.

매혹적인 여행, Cruise

해외 여행이 일반화된 요즘 파리나 밀란, 시카고, LA 혹은 베를린이나 시드니 등 대도시를 여행하는 것은 흔한 일이 되었다. 여행 상품의 발달로 시간만 허락한다면 아프리카나 남미를 여행하는 것도 그다지 어려운 것도 아니다. 그러나 사보나, 팔레르모, 튀니지, 카프리, 말베야, 마유르카, 몬테 카를로, 소렌토, 미코노스, 발레타, 두브로브닉 등의 지중해의 아름다운 바닷가 연안이나 산 후앙, 샬로트 아말리, 필립스버그, 세인트 마틴, 나소, 세인트 토마스, 코즈멜, 템파, 바베이도스 등 이름만으로도 황홀한 캐리비안의 아름다운 섬들은 어떻게 가는 것이 좋을까.

길어야 반나절이면 모두 돌아볼 수 있는 캐리비안이나 지중해 연안 마을은 비행기나 육로로 가기보다는 크루즈를 통해 가는 것이 매우 좋다.

일부러 찾아가자면 지도에서 찾기도 어려운, 하지만 여행을 즐기는 사람들로서는 일생에 꼭 한 번은 가보고 싶은 그런 곳을 연이어서 가볼 수 있다는 것은 매우 신나는 일이 아닐 수 없다. 지중해나 캐리비안은 지역간 이동 거리가 짧아서 배로 움직이는 것이 오히려 편리하다. 지정된 출발 항구에서 수속을 하고 배를 타면 스케줄에 따라 계획된 마을에 정박한다. 배에서 먹고 놀고 쉬다 보면 어느덧 아름다운 항구도시에

도착하게 되고 밤이 되면 다시 다른 곳을 향해 출발하는 것이다.

처음이라 더욱 설레는 크루즈 여행 사실 우리나라 사람들에게 크루즈는 아직 생소한 여행의 형태이다. 〈타이타닉〉에서 본 것이 전부인 크루즈는 유럽이나 아메리카에서는 일반적인 여행이고 취급하는 회사도 다양하며 1년 내내 활발히 서비스가 이뤄지고 있다. 크루즈는 중장년층이나 아이들이 동행하는 가족 여행으로 인기를 끌고 있고 한 번 배에 배정받은 룸에 짐을 풀면 어느 나라, 도시, 항구에 도착해도 간단한 소지품과 몸만 이동하면 되므로 편리하다. 또한 크루즈 배는 크기가 크므로 진동이 미세해 뱃멀미도 거의 없는 편이다.

크루즈는 유럽이나 아메리카 대륙, 아시아의 몇몇 지역에서 출발하는데 서비스 형태나 배의 크기에 따라서 메이저 크루즈라인, 럭셔리 크루즈라인, 스몰 크루즈라인 등으로 나뉜다. 메이저 크루즈라인에는 웬만한 빌딩 한 채의 크기와 비슷한 대형 크루즈 배가 대부분을 차지한다. 유럽 지중해를 다니는 메이저 크루즈 회사 중에 가장 유명하고 대중적인 것은 카니발(Carnival), 캐리비안을 다니는 가장 큰 회사는 로얄 캐리비안(Royal Caribean)을 꼽을 수 있다. 이들 배는 10만 톤 급 이상으로 승객과 크루를 합해 3천 명 이상 5천 명 정도 승선하기도 한다. 지난해 건조된 가장 큰 배는 16만 톤, 몇 년 내로는 22만 톤 급 배가 선보일 계획이며 그 이상 큰 배는 수용할 수 있는 정박 항구가 없어 당분간은 만들 수 없다고 한다.

이렇게 큰 배의 특징은 시설이 많다는 것이다. 내가 탔던 한 배는 16만 톤으로 미국 마이애미 항구를 출발해 캐리비안 섬을 돌고 오는 7박8일 스케줄이었다. 15층 높이, 너비 400미터의 배에 3천 명의 승객, 2천 명의 선원이 한꺼번에 탑승하고 3층 높이의 브로드웨이 풍 극장, 2개 이상의 수영장, 골프 퍼팅장, 서핑장, 암벽 등반, 농구장, 영화관, 아이스링크, 쇼핑몰, 트랙, 피트니스 센터, 스파, 한 번에 1500명을 수용하는 클래식한 레스토랑, 10여 개 이상의 크고 작은 바와 레스토랑, 카지노, 화랑, 나이트 클럽 등 배 안에는 없는 게 없었다.

시설이 많은 탓인지 메이저 크루즈라인의 큰 배에는 유난히 중장년층과 아이들을 포함한 가족 단위 여행객이 많다. 인건비가 저렴한 남미의 가족들은 유아를 돌보는 보모를 동행하기도 한다.

메이저 크루즈라인은 우리가 흔히 생각하는 것보다 가격이 매우 저렴하다. 2박부터

상품이 있고 길게는 15일 정도 여행을 하는 편. 7박8일에 800달러에서 2000달러 정도, 방의 크기와 발코니, 창문 유무에 따라 다르다. 일단 승선이 시작되면 룸마다 담당 매니저와 메이드가 배정되고 레스토랑에 지정된 본인의 좌석에도 역시 담당 매니저와 서버, 어시스턴트 서버 등이 배정되어 편안한 여행을 돕는다. 크루즈 안에 있는 식당도 다양하다. 뷔페, 정찬 레스토랑, 패밀리 레스토랑, 커피숍, 펍, 와인 바, 패스트 푸드점 등이 있는데 이 모든 것이 크루즈 가격에 포함되어 있다. 일반 크루즈의 경우 알코올 음료나 탄산 음료만 따로 돈을 내고 사야 하지만 럭셔리 크루즈의 경우 이마저도 크루즈 가격에 포함되어 있는 경우가 많다.

많은 사람들이 한꺼번에 승선하므로 브로드웨이나 라스베가스 식의 콘서트, 마술, 뮤지컬 등의 풍성한 볼거리를 제공한다. 심지어는 200여 미터에 달하는 쇼핑몰에서 퍼레이드나 댄스 파티도 하고 수영장에서, 클럽에서 연령에 맞게 다양한 프로그램을 준비하는 것이 장점이다.

보다 럭셔리한 크루즈라인으로는 리젠트(Regent), 시본(Seabourn), 실버시(Silversea) 등의 회사가 취급을 하고 있다. 실내 장식이 보다 고급스럽고 모든 방이 스위트 룸으로 되어 있지만 럭셔리 크루즈는 배의 크기가 상대적으로 작아서 여가를 위한 시설이 메이저 급보다는 그 수가 적다. 가격대가 높은 만큼 승객 수 대비 선원의 수가 많아 서비스의 질이 월등히 높고 그에 따른 서비스 만족도 또한 높다. 또한 대형 배는 닻을 내리기 어려운 아주 작은 항구 마을에도 정박할 수 있어 남들이 잘 모르는 곳에도 가볼 수 있다는 것이다.

럭셔리 크루즈라인은 여행일수에 따라 편차가 있지만 대체로 7박의 경우 가격대가 2500달러에서 500달러 정도이다. 고가일 수밖에 없는 것이 메이저 크루즈 배의 삼분의 일 크기의 배에 고작 스위트 룸의 개수는 20~30개 내외이기 때문이다. 배의 시설은 수영장이나 채플, 고급 레스토랑, 작은 카지노, 바 등이 있고 고급스러운 만큼 스파나 피트니스 등 웰빙 시설이 잘 되어 있는 것이 특징이다.

럭셔리 크루즈라인의 장점은 음식의 질이 매우 뛰어나다는 것이다. 웬만한 미식가의 입맛을 충족시키는 솜씨 좋은 셰프에 의해 관리가 되고 있다. 럭셔리 크루즈의 특성상 이용 승객의 연령대가 높거나 허니문 등 특별한 이벤트 성 여행을 하는 커플이 많다. 조용하고 한가로운 휴가를 즐기려는 사람들에게 적당하다.

나는 우연한 기회에 크루즈 여행을 계획했다. 어떤 재미난 여행을 가볼까 하고 생각하다 우연히 해외 사이트에서 크루즈에 대한 기사를 보게 된 것. 나는 보너스 마일리지 티켓을 신청해 뉴욕을 날아가 며칠을 지낸 다음 마이애미로 향했다. 지금은 우리나라 STX라는 기업에서 인수한 세계 최대의 배 회사에서 건조한 'Liberty of the sea'를 타기 위해서였다. 2009년 20만 톤급으로 역사상 가장 큰 배인 'Oasis of the sea'가 생산되기 전 세계에서 가장 큰 배였다. 승선 수속을 하는데도 반나절이 꼬박 걸렸고 객실을 안내받은 후 데크에서 안전에 관한 교육을 받았다. 3천 명의 승객이 탔다고 하지만 모든 게 질서 정연하고 엔터테인먼트를 즐길 장소도 많아 한 번 마주쳤던 승객을 다시 만나는 것은 어려운 일이었다. 지금은 로얄 캐리비안의 한국 사무소도 있고 동남아 크루즈 상품도 생겼지만 내가 갔던 당시에는 한국인 관광객이라곤 재미 교포 한 팀이었다.

크루즈 여행을 간다는 얘기에 다들 '그건 나이들어서 가는 거 아냐? 심심할 것 같은데' 라는 반응뿐이었다. 하지만 크루즈 룩과 파티 룩의 코스튬 플레이도 재미있었고 매일매일 아이스쇼와 뮤지컬, 코미디 쇼 등 볼거리를 제공해주는 덕분에 선상에서의 시간도 군데군데 정박해 보낸 섬에서의 시간도 이국적이고 이색적인 재미를 주었다. 남녀노소 모두를 배려한 여행 코스이므로 가족과 함께 반드시 가볼 여행으로 추천한다.

크루즈 여행을 더욱 빛내 줄 크루즈 컬렉션   과거 대륙간 이동의 장거리 여행에는 배가 이용되었다. 때문에 추운 겨울이건 더운 여름이건 승객을 운송하기 위해서 배의 운항이 계속 되었다. 그러나 비행기가 대중 교통 수단으로 발달하면서 운항 시간이 오래 걸리는 배는 물자의 운송이나 특별한 여행을 위한 수단으로 그 용도가 많이 바뀌었다. 그 특별한 여행 중 한 형태가 크루즈다.

북반구의 겨울은 춥고 길다. 북반구의 귀족이나 재력가들은 예부터 추운 겨울이면 따뜻한 남쪽 나라나 적도 부근으로 장기간 여행을 떠나기도 했는데 짐도 많고 식솔도 많아 홀가분하게 떠돌아다니는 것은 불가능했다. 크루즈는 배 안에 짐을 풀고 기분에 따라 육지에 정박하여 머무르면 되므로 그들에게 더욱 인기가 있었다.

해마다 1월이 되면 패션 잡지에서 '크루즈 라인', '크루즈 컬렉션'을 운운한다. 샤넬이나 셀린, 크리스찬 디올, 구찌 등은 프리 컬렉션(본격적인 봄 시즌 상품이 나오기

전 발표하는 간절기 상품)과는 별도로 크루즈 라인을 발표한다. 이들 제품이 바로 겨울철 따뜻한 나라로 크루즈 여행을 떠나는 사람들을 위한 옷이다.

크루즈 라인은 드레시한 이브닝 라인과 데이 타임용 캐주얼, 수영복과 가운, 레저용 스포티 의상, 슈즈, 백, 액세서리 등으로 이뤄지는 것이 보통이다. 크루즈 라인이 여름 시즌 상품과 다른 점은 캐리비안이나 지중해 크루즈와 어울리는 시원하고 깔끔한 스타일이 대부분을 차지한다는 것이다.

섹시한 팜므 파탈을 지향하는 디올이나 클래식하고 페미닌한 구찌에서 조차 크루즈 라인에는 스포티한 라인과 숫자를 패치워크한다든지 미 동부 아이비리그 대학의 풋볼 선수복처럼 스트라이프 피케 셔츠와 화이트 팬츠 같은 실용적이고 단정한 스타일

을 주로 선보인다.

크루즈 여행에 가장 잘 어울리는 스타일은 뭐니뭐니 해도 마린 룩이다. 실버나 골드의 큼직한 액세서리, 화이트 컬러의 큼직한 레트로풍 선글라스나 레이밴의 버그 아이 선글라스, 블루 스트라이프 티셔츠, 화이트 리넨 팬츠, 화이트 셔츠와 네이비 쇼츠, 플리플랍과 밀짚 모자 등으로 연출할 수 있는 마린 룩은 크루즈에서 가장 돋보이는 당신으로 만들어 줄 것이다.

마린 스타일에 좀더 액센트를 준다면 레드나 옐로, 오렌지 컬러의 비비드한 선드레스를 입어본다. 튜브 드레스나 홀터넥 스타일로 보디 라인을 드러내는 것이 가장 아름답게 보이는 지름길이다.